ASÍ SOMOS LOS ESPAÑOLES

This series includes:

España a tu alcance
Spanish skills for intermediate students

España a tu alcance
User Guide and Cassette Pack

Así somos los españoles
Spanish skills for advanced students

Así somos los españoles
User Guide and Cassette Pack

ASÍ SOMOS LOS ESPAÑOLES

Spanish skills for advanced students

Michael Truman
Concha Pérez Valle
Peter Furnborough

London and New York

First published 1998
by Routledge
11 New Fetter Lane, London EC4P 4EE

Simultaneously published in the USA and Canada
by Routledge
29 West 35th Street, New York, NY 10001

© 1998 Michael Truman, Concha Pérez Valle and Peter Furnborough

Typeset in Palatino and Univers by Keystroke, Jacaranda Lodge, Wolverhampton
Printed and bound in Great Britain by T. J. International Ltd, Padstow, Cornwall

British Library Cataloguing in Publication Data
A catalogue record for this book is available from the British Library

Library of Congress Cataloguing in Publication Data
A catalogue record for this book has been requested

ISBN 0–415–16376–5 (student book)
0–415–16379–X (user guide and cassette)

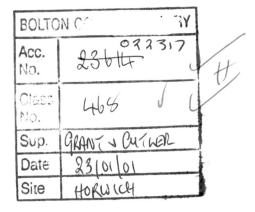

CONTENTS

Acknowledgements   vii

Introduction   1

Part A Vivir en España

1   Nos ponemos en marcha: Viajar por España
Finding out about student travel facilities in Spain, and obtaining
travel and transport information.   7

2   Tú y tu dinero: Operaciones bancarias
Opening a bank account and understanding the range of services
offered by banks in Spain.   24

Part B Estudiar en España

3   Las universidades funcionan así: El sistema universitario
Understanding and explaining how universities operate in Spain,
and recent changes in the university system.   43

4   Alternativas a la universidad: Formación profesional
Understanding the relationship between school and work or training,
and recent changes in secondary education in Spain.   55

Part C Trabajar en España

5   Más allá de la ciudad: La economía rural
Describing and analysing traditional and contemporary aspects of the
Spanish rural economy.   71

6   Lo nuestro es fabricar: Radiografía de una compañía española
Understanding work practices and manufacturing processes in a
major industrial company, and using technical language to explain
them.   88

7   Prácticas empresariales: Trabajo y experiencia laboral
Understanding work placements in Spain, and practising ways of
explaining what you want to a Spanish employer.   106

8   La burocracia: El ciudadano ante la administración
Finding out about and dealing effectively with Spanish
administrative procedures, including the use of official or
bureaucratic terms.   121

Clave   133

ACKNOWLEDGEMENTS

The authors of this book would like to express their thanks to the following:

- **Interviewees** who shared their experience and ideas with us: Víctor del Rey Salgado, Ignacio Padilla, Pepe Hijosa, Alberto Fernández, Juan Jesús Zaro, José Luis Hermoso, Dr. José Antonio del Cañizo, Eduardo Dávila Quiroga and Pepe Carlos Alfonso Martín, as well as to Cristina Ros i Solé for recording some of the additional material which appears on the cassette.

- **Interviewers** who conducted the discussions with them: Lucy Vallejo, Alberto González Iglesias, Mª Jesús Torres Giménez, May Gutiérrez Alonso and Mª Mercedes Foreman. (Some of the interviews were also conducted by Concha Pérez Valle.) The introductions to each unit were recorded by Anna Lecha Areny.

- All those teachers and students who **piloted** earlier versions of the materials, and whose feedback and suggestions were instrumental in shaping the final form of the book.

We would like to thank the following for their kind permission to reproduce material used in developing some of the tasks in the book:

Ediciones Cátedra S.A: *España hoy*, Tomo 1 – Sociedad (Antonio Ramos Gascón) 1991, Javier Vergara S.A.: *Los Españoles de hoy* (John Hooper) 1987, Fundación Universidad Empresa: *La nueva formación profesional* (Javier Ibáñez Aramayo), Ediciones Jover S.A.: *Atlas de Geografía de España* (R. M. Bofill Fransí), Instituto Andaluz de la Mujer: *Guía de Autoempleo en turismo rural*, Fundación Ciudadano: *Casos y Cosas de Ciudadano*, letter by Ambrosio Toval July/August 1993, RENFE Largo recorrido: Horario de trenes Madrid–Santander 1992, Banco Atlántico: impreso, Banco Zaragozano: información publicitaria, Sevillana de Electricidad S.A.: carta e impreso, Colegio Oficial de Gestores Administrativos de Madrid: información publicitaria 21.11.92, University of Málaga: Biblioteca (información para estudiantes), Editorial Gredos S.A.: *Diccionario del uso del español* de María Moliner, Grupo Anaya S.A.: *El Diccionario Anaya de la Lengua*, Editorial Espasa-Calpe S.A. and Real Academia Española: *Diccionario de la Lengua Española* and *Esbozo de una Nueva Gramática de la Lengua Española* 1983, Diario El País S.A.: *Muerte a las polillas (Negocios)*, 3.3.94, Prensa Malagueña S.A.: Savia nueva para el turismo, SUR 3.4.94, HarperCollins Publishers: *Collins Spanish Dictionary* 1988.

Thanks also to Bryan Rudd and Mike Bryan for technical advice on recording and editing the audio tapes, to Peter McGaffin for the graphics associated with some of the tasks, and to Simon Bell, Sarah Foulkes, Barbara Duke and Claire Trocmé of Routledge for their support for this project and practical suggestions.

INTRODUCTION

Who is *Así somos los españoles* intended for?

Así somos los españoles is for people who are intending to *live, study* or *work* for a period in Spain.

What is *Así somos los españoles*?

Así somos los españoles is a cassette-based series of activities to help you to develop your Spanish. It is designed for use either on your own with some support or as part of a taught programme.

The course comprises:

- this Study Book
- a User Guide and cassette pack

This *Study Book* contains a series of tasks (**prácticas**) for students to work on in conjunction with the material on the cassette.

The *User Guide* is intended for tutors or independent learners to assist them in planning their use of the study materials.

The *cassette* contains a set of recorded interviews with Spaniards on various topics which will be of interest to someone planning to spend some time living, studying or working in Spain.

How do I use *Así somos los españoles*?

Together with the cassette you will need to use this Study Book, which gives step-by-step explanations and exercises. The Study Book helps you to check your own work and see the progress that you have made; there is also a transcript of all the material on the cassette in the User Guide.

From time to time you will need to consult your tutor or a native speaker. Whilst you can do many of the exercises on your own, you may prefer to do some of them either with your tutor or with other students. We suggest in this book when you should work with a partner or in a group, and when you may need to consult your tutor (or native speaker). There are symbols for this purpose which are explained at the end of this Introduction.

How much Spanish do I need?

These activities assume that you already have a relatively *advanced* knowledge of Spanish – by that we mean probably GCE 'A' or 'AS' Level, Scottish Higher, an Irish Learning Certificate Pass at higher honours level, an international baccalaureate or their equivalents. However, you do not need to have passed any examinations to be able to use the material.

What do I need to know before I start?

Before you start on these exercises you need to know a little more about the way in which the units are organised.

Each unit starts with a short *introduction*. Do read it before you start – it explains the purpose of the unit and what you will be able to do once you have finished it.

You also get some background information on the unit (**Información**) in Spanish: this will help you to get started.

You will then work through a series of exercises (**Prácticas**). Once again, the instructions are always in Spanish, and you are told how you can check your answers. (Many of the answers are given in the **Clave** at the end of the book.)

Each unit ends with a short *summary* of what you have learned.

The *User Guide* also has a complete *transcript* of the interview on the cassette. You may find it useful to read through this in order to reinforce vocabulary or grammar points, but only after you have completed or attempted all the **prácticas**.

At the beginning of each task you will find one or more symbols which will tell you at a glance what *equipment or resources* you will need.

At the end you will see another symbol which will tell you how to *check your answers*.

The heading also explains what *skills* you are practising in that exercise, and the broader learning purpose behind some of the **prácticas**.

Here is a list of the *symbols* used in this book:

Equipment or resources needed

🜨   cassette recorder

📖   dictionary

😊😊   partner to work with

Methods of checking your answers

☑   answers will be found in the **Clave** at the end of the Study Book

↑   check your answers with your tutor

☺   compare your answers with those of another student

Other purposes of exercises

✓   assessing for yourself skills you have developed

☞   developing additional learning strategies

☯   increasing your awareness of the cultural context

Other symbols used

!   **¡Ojo!** extra care needed

👍   Well done! You have now completed the main part of the unit and can check what you have learned.

How do I decide how much I have learned?

Each unit contains **prácticas** designed to help you to assess for yourself or with your tutor the language skills you have developed in that unit. These are indicated with the symbol ✓. They follow the *National Language Standards* established by the Languages Lead Body and can if you wish lead to accreditation at Level 3.

Getting started

Before you start, you need to know a little more about the contents of the book.

Así somos los españoles is divided into three parts:

Part A	**Vivir en España**	Units 1 and 2
Part B	**Estudiar en España**	Units 3 and 4
Part C	**Trabajar en España**	Units 5 to 8

We advise you to tackle all the units in **Vivir en España** (Part A) first; you may then choose with your tutor appropriate units from the other two parts.

Now you are ready to start!

¡Mucha suerte!

PART A
VIVIR EN ESPAÑA

Unidad 1

NOS PONEMOS EN MARCHA
Viajar por España

Whatever your reason for going to Spain, you will certainly need to know something about travel in the locality where you are staying, and – no doubt – you will want to see other parts of the country during your free time.

This unit will give you practice in:

(i) getting general information and specific advice

(ii) comparing different options, explaining your own requirements and making arrangements

(iii) expressing appropriately opinions, preferences and complaints

Información

Estás pasando una temporada en España. Te interesa informarte no sólo sobre los transportes urbanos, sino también sobre las posibilidades de emprender viajes más largos.

A continuación oirás una conversación entre la entrevistadora, Lucy, que vive en el extranjero, y dos estudiantes – Ignacio y Víctor – que son españoles que han cursado estudios universitarios en Gran Bretaña y en su propio país. Hablan sobre las distintas posibilidades que tienen los jóvenes para desplazarse en España y de cómo los estudiantes extranjeros pueden informarse de estas posibilidades para aprovechar al máximo su estancia en el país.

Práctica 1 Orientación

A Anticipar lo que se va a oír

¿Cuáles son los medios de transporte que podrías utilizar para viajar por España? Haz una lista en español.

B Identificar la estructura de la conversación

 *toda la conversación*

Numera los temas en el orden en el que se mencionan en la conversación:

- – los transportes interurbanos

- – los transportes urbanos

- – recomendaciones generales que se dan a los estudiantes

- – las reducciones que se conceden a los estudiantes.

☑ *Clave*

Compara los puntos que se tocan en la entrevista con tu lista.

Práctica 2 Comprensión

Entender el contenido

 Sección A

Primero indica con una equis (X) en la lista que hiciste en la Práctica 1A los medios de transporte mencionados por Víctor e Ignacio.
Después completa la tabla.

	Distancia casa/centro universitario	Posibles medios de transporte	Medio de transporte utilizado
Víctor			
Ignacio			

☑ *Clave*

Práctica 3 Uso del lenguaje / Comprensión

A Estructurar una frase

 Sección B

Estudia la tabla y relaciona correctamente los elementos de las dos frases que resumen los consejos de Ignacio.

	A	B	C	D
1	Puedes irte	a la oficina de transportes o a un estanco	a sacarte lo de la tarjeta de estudiante internacional	que sirve para ir en el metro o en el autobús.
2	Tienes que ir	al TIVE	para sacarte un bonotransporte	y te pueden hacer descuentos.

☑ *Clave*

B Entender instrucciones

Sección B

Se explica la forma de utilizar el sistema de bonotransportes.
Completa las frases que siguen.

(i)   Tienes que ir _____ o _____ con una foto.

(ii)   Puedes sacarte _____ que sirve para _____ y _____.

(iii) Con eso puedes viajar _____ _____ todo el tiempo que quieras.

☑ *Clave*

C Identificar datos concretos

Ignacio hace referencia a un límite de edad para sacar billetes a precio reducido. (Si no recuerdas puedes escuchar la cinta otra vez.)

Identifícalo.

Tienes que tener más de 20 años.

Tienes que tener menos de 20 años.

Tienes que tener menos de 25 años.

Tienes que tener menos de 28 años.

D Entender expresiones y siglas

Ignacio menciona el TIVE. Sin embargo, no explica lo que representan las siglas.
Si hace falta, escucha de nuevo esta sección de la conversación e intenta completar la explicación que encontrarás a continuación, seleccionando la palabra que te parezca más adecuada según la información que da Ignacio.

¿"TIVE" significa Transporte Internacional para Viajes...

> ... de España?

> ... del Extranjero?

> ... de Estudiantes?

> ... de Empresas?

 Clave

Práctica 4 Lectura

A Identificar los temas

Estudia el anuncio de la *Tarjeta Joven* de la RENFE.

Cada párrafo tiene un encabezamiento que sirve para ayudar al lector a hacerse una idea del contenido de cada apartado del anuncio. Así el lector podrá encontrar inmediatamente la información que más le interesa.

Otra manera de presentar esta información sería a través de preguntas.

¿Qué preguntas harías tú para obtener la información contenida en cada apartado? Apúntalas en un papel.

☺ *Clave*
  o
↑ *si no estás seguro/a.*

B Entender el contenido

(i) Completa el resumen con la expresión adecuada y la forma correcta del verbo. Están al final del resumen.

Los jóvenes de 12 a 26 años (1) ____ a obtener la Tarjeta Joven de la RENFE.

La Tarjeta vale 2.500 pesetas, y (2) ____ al titular conseguir un 50% de descuento de la Tarifa General; es decir, con esta Tarjeta un/a joven paga la mitad del precio.

Con la Tarjeta un/a joven (3) ____ viajar por toda España, (4) ____ el viaje se termine a más de 100 kms. del punto de partida.

La Tarjeta sólo (5) ____ para viajar en días azules.

(6) ____ de la Tarjeta dura hasta el 31 de diciembre.

ser válido/a	**poder**	**tener derecho**
permitir	**el tiempo de validez**	**a condición de que**

 Clave

Si tienes menos de 26 años
puedes recorrerte España
de punta a punta.

Sí. La Tarjeta Joven de la Renfe
te permite viajar por toda España.
De Norte a Sur. De Este a Oeste. La
única condición es que vayas a más de
100 Kms. de donde estés. A partir
de ahí España está para que tú elijas
en qué tren la recorres. Y a qué
marcha.

Si tienes menos de 26 años
eres una persona con suerte.

Porque si tienes 12 años y menos
de 26, entras en la Tarjeta Joven de la
Renfe. En la edad de viajar en tren con
gente como tú. Con tú edad. Con tu
marcha.

Si tienes menos de 26 años
en tren viajarás a precio de amigo.

Al precio que a ti te conviene.
La Tarjeta Joven sólo cuesta 2.500
pesetas y con ella te será mucho más
fácil hacer esos viajes que tantas veces
has planeado, porque conseguirás un
50 % de descuento de la Tarifa
General. O sea que tu billete te costará
la mitad de precio. A precio de amigo.
No te puedes quejar.

Si tienes menos de 26 años
háztelo en días azules.

De día azul en día azul. La Tarjeta
Joven sólo vale para viajar en estos
días. Cuando te saques la Tarjeta mira
el calendario con todos los días azules
señalados. Hay muchísimos al año.
Fíjate si habrá que es más fácil que tu
viaje caiga en un día azul a que no
caiga. Así que ya lo sabes, estate al día.

Si tienes menos de 26 años
tienes tiempo de sobra

El tiempo de validez de la Tarjeta
Joven dura hasta el 31 de Diciembre.
¡Fíjate si tienes tiempo!
Empieza ya a hacer planes y díselo
a tu gente. No pierdas el tiempo.
Ahora sí que no tienes excusas.

Tarjeta Joven (Información general)

(ii) Sigue un extracto de las *"Condiciones Generales"* de una compañía de autocares.
(Estas condiciones aparecen en los billetes de autocar.)

Hemos omitido varias palabras del texto.

Complétalo utilizando las expresiones o verbos (en su tiempo correcto) del apartado
anterior.

1   El viajero ———— anular su reserva de billete hasta 48 horas antes de la salida; en
tal caso la Compañía le devolverá el 90% del precio del billete.

2   Sólo se ———— fumar en la zona reservada al efecto, existiendo prohibición absoluta de hacerlo en el resto del vehículo.

3   El billete sólo ———— para la fecha y hora de salida indicadas en él.

4   El viajero tiene derecho a transportar gratuitamente su equipaje, ———— éste no sobrepase los 30 kg.

5   Existe un libro de reclamaciones a disposición de los viajeros. En caso de averías en ruta u otras eventualidades, los viajeros ———— a continuar el viaje en otro vehículo de la compañía.

 Clave

 Práctica 5 Expresión oral

Simulación: entender y dar explicaciones

En pareja con otro/a estudiante o con tu profesor/a.

Estudiante A

Quieres enterarte de las reducciones que pueden conseguir los estudiantes en los transportes públicos en España.

Quieres saber:

1   qué reducciones hay

2   qué hay que hacer para conseguir estas reducciones

3   qué documentación etc. hay que presentar

4   dónde se pueden hacer los trámites necesarios.

Estudiante B

Trabajas en la oficina internacional de estudiantes de una universidad española.

Tienes que explicarle al/a la *Estudiante A* lo que tiene que hacer para conseguir las reducciones (de acuerdo con la información facilitada en la *Sección B* de la conversación).

Un consejo

 Graba la conversación: así te resultará más fácil consultar después a tu profesor/a.

Práctica 6 Comprensión / Expresión escrita

A Entender comparaciones

Sección C

Estudia la tabla, que compara las ventajas de viajar en tren y en autocar/autobús.
   Completa la tabla indicando *Sí*, *No* o *Depende* según la información proporcionada
por Víctor e Ignacio.

Ventaja	TREN	AUTOCAR / AUTOBÚS
Llega a todos los sitios		
Reducciones para los viajes efectuados fuera de las horas / fechas punta		
Cómodo		
Más barato		
Más rápido		
Vídeo		
Se para cada equis tiempo		

Clave

B Hacer comparaciones

Redacta un párrafo para explicar las ventajas y desventajas de viajar en tren y en
autocar/autobús utilizando la información que acabas de resumir en la tabla anterior.

Ejemplos

En España el autobús o el autocar es más caro que el tren, pero va más rápido…

En cambio el tren es mucho más barato…

Práctica 7 Uso del lenguaje

Entender números grandes

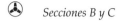 *Secciones B y C*

Rebobina la cinta y contesta estas preguntas de acuerdo con la información que proporcionan Víctor e Ignacio.

(i) Un bonotransporte vale:

    (a)   3.000 pesetas

    (b)   4.000 pesetas

    (c)   3.000 o 4.000 pesetas

(ii) El viaje Madrid–Bilbao en *autocar* vale:

    (a)   1.500 pesetas

    (b)   2.000 pesetas

    (c)   1.500 o 2.000 pesetas

    (d)   6.000 pesetas

(iii) El viaje Madrid–Bilbao en *tren* vale:

    (a)   1.500 pesetas

    (b)   2.000 pesetas

    (c)   1.500 o 2.000 pesetas

    (d)   6.000 pesetas

 Clave

Práctica 8 Comprensión

Entender el vocabulario

 Sección C

Completa la transcripción con la expresión o palabra adecuada según las explicaciones que da Ignacio.

Los días azules son, (1) _____ ciertos meses, en (2) _____ meses, en ciertas (3) _____, que (4) _____, que (5) _____ los días (6) _____. Es una (7) _____ del (8) _____, o sea es como (9) _____ a la gente que (10) _____ por España.

 Clave

Práctica 9 Expresión oral

Simulación: entender y dar explicaciones

En pareja con otro/a estudiante o con tu profesor/a.

Estudiante A

Estás pasando seis meses en Madrid. Te apetece salir de la ciudad para pasar los fines de semana en los alrededores.

Vas a la Oficina de Turismo a informarte de:

> las ciudades que se pueden visitar

> su distancia de Madrid y localización geográfica

> sus monumentos más importantes

> cómo se llega (¿hay ferrocarril?)

> qué carretera hay que coger

Estudiante B

Estás haciendo tus prácticas empresariales en una Oficina de Turismo en Madrid.

Utiliza el mapa que hay en la página siguiente para contestar las preguntas que te hará el/la *Estudiante A*.

Un consejo

Graba la conversación: así te resultará más fácil consultar después a tu profesor/a.

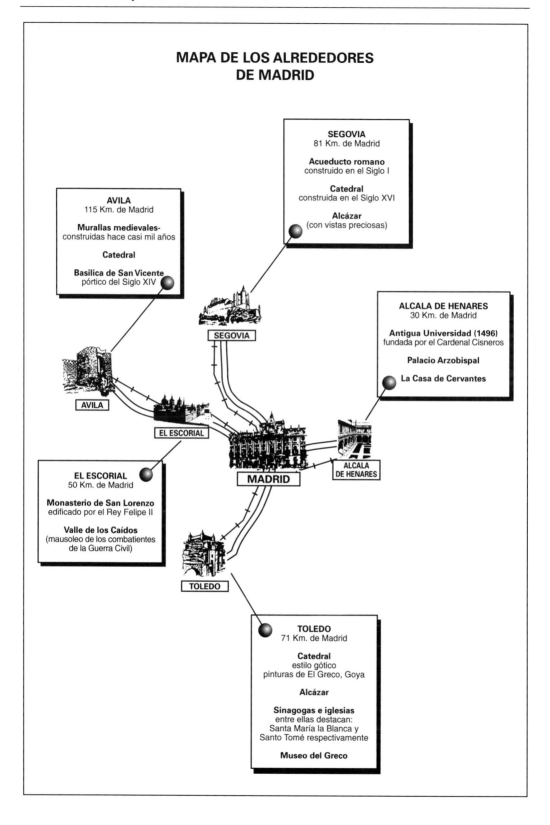

MAPA DE LOS ALREDEDORES DE MADRID

SEGOVIA
81 Km. de Madrid

Acueducto romano
construido en el Siglo I

Catedral
construida en el Siglo XVI

Alcázar
(con vistas preciosas)

AVILA
115 Km. de Madrid

Murallas medievales-
construidas hace casi mil años

Catedral

Basílica de San Vicente
pórtico del Siglo XIV

ALCALA DE HENARES
30 Km. de Madrid

Antigua Universidad (1496)
fundada por el Cardenal Cisneros

Palacio Arzobispal

La Casa de Cervantes

SEGOVIA

AVILA

EL ESCORIAL

EL ESCORIAL
50 Km. de Madrid

Monasterio de San Lorenzo
edificado por el Rey Felipe II

Valle de los Caídos
(mausoleo de los combatientes
de la Guerra Civil)

ALCALA
DE HENARES

MADRID

TOLEDO

TOLEDO
71 Km. de Madrid

Catedral
estilo gótico
pinturas de El Greco, Goya

Alcázar

Sinagogas e iglesias
entre ellas destacan:
Santa María la Blanca y
Santo Tomé respectivamente

Museo del Greco

Práctica 10 Expresión oral

Pedir y dar información

En pareja con otro/a estudiante o con tu profesor/a.

Mira el *horario de trenes* Madrid–Santander que tienes en esta *práctica*.

Un/a estudiante desempeñará el papel del *viajero* (A, B, C, etc.), el/la otro/a será un/a *empleado/a de la RENFE*.

El/la *viajero/a* tiene que hacer preguntas como las que siguen.

El/la *empleado/a de la RENFE* tiene que proporcionarle la información adecuada.

Nota

Las preguntas entre paréntesis sirven para obtener información más detallada.

Ejemplo

Viajero A

Quiero ir de Madrid a Avila.

Tengo que estar en Avila antes de las diez y media de la mañana el martes que viene.

¿Hay un tren a esa hora?

Empleado/a de la RENFE

Sí. Hay uno que sale de Madrid Chamartín a las nueve de la mañana el martes que viene.

Llega a Avila a las diez veintitrés.

Es un TALGO – hay que pagar suplemento.

---

1 Viajero B

Quiero ir de Valladolid a Reinosa el viernes que viene, saliendo de Valladolid entre las seis y las siete de la tarde.

(¿Hay que pagar suplemento en esos trenes?)

2 Viajero C

¿A qué hora sale el último tren de Madrid a Palencia?

(¿Sale todos los días a esa hora?)

3 Viajero D

Quiero ir de Medina del Campo a Los Corrales de Buelna. ¿Hay tren directo?

(¿Cuál es el más rápido, y cuánto tiempo tarda?)

4 Viajero E

Tengo que hacer un viaje urgente de Avila a Torrelavega. Tengo que llegar a Torrelavega antes de las diez y media de la noche, pero quiero salir de Avila lo más tarde posible.

(¿Tengo que pagar suplemento en ese tren?)

HORARIO DE TRENES

MADRID   **SANTANDER**

Palencia   Torrelavega

TREN	ESTRELLA	TALGO	TALGO	REGIONAL	DIURNO	ESTRELLA
NOMBRE	Sol de Europa			Lince		Cantábrico
PRESTACIONES	2.ª 🔔🛏️ ☕🚗	1.ª-2.ª 🍴🔇	1.ª-2.ª ☕🔇	2.ª	1.ª-2.ª 🍴🔇	2.ª 🍴🚗
PROCEDENCIA	MALAGA 18.55		ALICANTE 11.30	MADRID ATOCHA MEDIODIA 16.15		
Madrid-Chamartín	2.30	9.00	16.00	16.30	20.00	23.00
Avila	4.01	10.23	17.23	17.59	21.24	0.33
Avila	4.02	10.24	17.24	18.00	21.25	0.35
Medina del Campo	4.57	11.07	18.07	18.47	22.08	1.27
Valladolid-Campo Grande	5.24	11.30	18.29	19.10	22.30	1.55
Valladolid-Campo Grande	5.26	11.31	18.30	19.11	22.32	2.10
Venta de Baños				19.33		2.37
Venta de Baños				19.34		2.52
Palencia	6.04	12.02	19.01	19.43	23.05	3.04
Palencia	6.05	12.03	19.02	19.50		3.19
Frómista				20.17		3.51
Osorno				20.28		4.10
Herrera del Pisuerga				20.42		4.36
Alar del Rey-San Quirce				20.47		4.46
Aguilar de Campoo	7.03	12.55	19.54	21.00		5.06
Mataporquera				21.08		5.22
Reinosa	7.30	13.18	20.18	21.29		5.48
Bárcena				22.00		6.32
Los Corrales de Buelna				22.15		6.54
Torrelavega	8.18	14.04	21.05	22.22		7.11
Renedo				23.31		7.28
Santander	9.00	14.30	21.30	22.55		7.55
DESTINO						
OBSERVACIONES	MJ	S	S G	V (3)	(1)	(2)

(1) Diario, excepto sábados, 24 y 31/12/92.
(2) Diario, excepto 24 y 31/12/92.
(3) Circula viernes y 23, 30/12/92. No circula 25/12/92 y 1/1/93.

RENFE Largo recorrido: Horario de trenes Madrid–Santander 1992

Práctica 11 Redacción

Hacer una reclamación

En las *"Condiciones Generales"* de la compañía de autocares (Véase *Práctica 4*) se hace referencia a un *libro de reclamaciones*. En esta práctica tú tendrás que hacer una *reclamación por escrito* rellenando una hoja de reclamaciones.

A continuación verás dos *ejemplos* de *reclamaciones verbales* tal como las presentaron de palabra dos clientes enfadados.

Imagínate que tú eres el/la *cliente A* o el/la *cliente B*.

Has decidido presentar una reclamación por escrito y tienes que rellenar la *hoja de reclamación*.

Lee los dos ejemplos de reclamaciones verbales y utiliza la información para rellenar la hoja que encontrarás al final de esta práctica. (Escoge *una* de las reclamaciones.)

Pon tu propio nombre y demás detalles.

Inventa la dirección y otros datos del reclamado.

Consulta también el *glosario* que sigue para ayudarte a entender el impreso.

C.I.F.	código de identificación fiscal
D.N.I.	documento nacional de identidad
Razón social	nombre por el que es conocida una compañía mercantil (de forma colectiva, comanditaria o anónima) *Ejemplo*: Retroflex S.A.

Unos consejos

1 En las reclamaciones verbales sobran varias expresiones. La reclamación escrita será más concisa y breve, evitando las redundancias, repeticiones e irrelevancias que aparecen en la reclamación verbal.

2 Piensa en el estilo del lenguaje: la reclamación escrita tendrá que ser redactada en un lenguaje más objetivo y menos emotivo que la verbal. Se evitará el uso de expresiones coloquiales, argot, etc.

3 No te olvides de añadir conectores como, por ejemplo, *por lo tanto*, *como*, *porque*, etc.

4 A veces en las reclamaciones se usa el tiempo presente del verbo. ¿Se utiliza este mismo tiempo verbal en la reclamación escrita?

Cliente enfadado/a A
Establecimiento: Hotel Zángano, Torre del Mar

"Vd es la recepcionista de turno, ¿no? Pues quiero hacer una reclamación. Aquí tengo una copia de la carta que mandé al hotel el 16 de mayo para reservar una habitación doble con baño. Lo que no entiendo es por qué Vds. nos han dado una habitación que da al patio interior cuando habíamos reservado una habitación con vista al mar. No queremos pasar quince días aguantando el olor de los cubos de basura que hay debajo de la ventana. Además la habitación es una vergüenza: ¿cuándo fue la última vez que la limpiaron Vds? Y para colmo, ¡el agua no sale del lavabo! Hablé con la camarera, pero no me hizo caso, así que bajé a hablar con Vd., pero veo que es inútil. Deme el libro de reclamaciones, por favor."

Cliente enfadado/a B
Establecimiento: un aeropuerto

"Vd. es el encargado del servicio de atención al cliente, ¿verdad? Pues, a ver si solucionan Vds. el problema de aparcamiento que hay aquí. Mire, esta mañana traje a un amigo que tenía que presentarse en el aeropuerto a las once y media. Llegamos a las once, y veo que hay una cola enorme para entrar en el aparcamiento, porque está en obras. Bueno, esperamos un rato, mi amigo se pone nervioso, así que le digo "Coge tu maleta y vete al mostrador mientras yo espero aquí." Sigo en la cola en la carretera de acceso, y de repente aparece un guardia, que me dice que está prohibido estacionar en la carretera de acceso. Todos los que estamos en la cola nos vamos, y dejamos los coches donde podemos. Dejo el mío en el sitio reservado para los coches de alquiler. Voy andando a la terminal, me despido de mi amigo, vuelvo al coche y veo que me han puesto una multa. Me entró tanta rabia en aquel momento que decidí venir aquí a protestar, pero vi que al otro lado de la terminal hay sitio de sobra para aparcar: lo que pasa es que está muy mal señalizado, y nadie sabe que se puede aparcar allí. Me parece una desorganización total – allí hay un aparcamiento enorme, casi vacío, pero al otro lado de la terminal hay un caos tremendo en la carretera, porque los que buscan un sitio para aparcar se paran allí y obstaculizan la entrada del aeropuerto. Quiero que me dé las hojas de reclamaciones, porque si no se queja nadie, ¿cómo se va a solucionar el problema?"

HOJA DE RECLAMACION

1.- LUGAR DEL HECHO

EN   PROVINCIA   FECHA

2.- IDENTIFICACION DEL RECLAMANTE

1er APELLIDO   2° APELLIDO   NOMBRE

SEXO   EDAD   PROFESION

D.N.I.   DOMICILIO C/

MUNICIPIO   PROVINCIA   COD. POST.

NACIONALIDAD   TEL.

3.- IDENTIFICACION DEL RECLAMADO

NOMBRE O RAZON SOCIAL

C.I.F. O D.N.I.   ACTIVIDAD

DOMICILIO   MUNICIPIO

PROVINCIA   COD. POST.   TEL.

4.- HECHOS RECLAMADOS

589012

CONTROL

SERIE E

DOCUMENTOS QUE SE ACOMPAÑAN
FACTURAS, ENTRADAS, MUESTRAS, ETC.

5.- FIRMAS

CONSUMIDOR: RECLAMADO:

I271501

CONFORME CON LO EXPUESTO

Adaptado de la Hoja de Reclamación de la Dirección General de Consumo (Junta de Andalucía)

Práctica 12 Uso del lenguaje

Entender recomendaciones y sugerencias

Sección D

Ignacio expresa su oposición a la idea de hacer autostop con estas frases:

(a)   No, yo no lo recomiendo a nadie.

(b)   En ninguna parte de España.

(c)   No se debe hacer para nada, para nada, para nada.

Supongamos que tú crees todo lo contrario.

¿Qué frases emplearías tú en lugar de cada una de las frases de Ignacio?

Procura expresar tus ideas de forma clara y contundente.

Ya casi has terminado la unidad sobre *los viajes y los medios de transporte en España*.

Antes de hacer la práctica final, vuelve a leer la *información* y los *objetivos* al comienzo de la unidad.

La última práctica te ayudará a *comprobar* si has alcanzado estos objetivos.

Práctica 13 Expresión oral   ✓

A Hacer comparaciones

Si hace falta, vuelve a escuchar toda la conversación.

Compara los medios de transporte en España (tal como se describen en la conversación) con los que hay en tu país.

Apunta tus ideas y opiniones.

  ¿Cómo convertirías tú estas ideas y opiniones en sugerencias y recomendaciones?

B Dar una charla

Un grupo de universitarios está visitando la universidad donde tú estudias en tu propio país.

El sindicato de estudiantes va a organizar un cursillo de orientación en el que se darán consejos prácticos sobre la vida de los estudiantes de tu universidad. Tú te has ofrecido a dar una charla sobre los transportes públicos en tu ciudad, y los viajes y excursiones que se pueden hacer los fines de semana, etc.

Prepara y presenta el tema, subrayando las diferencias más significativas entre España y tu país.

↑ Piensa también en las técnicas que se pueden emplear para hacer una presentación clara e interesante (uso del retroproyector, diapositivas o fotos, folletos, etc.).

Ahora tienes más información sobre las posibilidades que tienen los estudiantes españoles de viajar por España y podrás pedir, entender y utilizar información sobre transportes y viajes en España.

Unidad 2

TÚ Y TU DINERO
Operaciones bancarias

If you intend to spend some time studying or working in Spain you will certainly have dealings with Spanish banks. This unit guides you through the process of opening a bank account, and discusses ways of using other services currently offered by banks.

> This unit will give you practice in:
>
> (i)   understanding procedures, and explaining
>   your requirements
>
> (ii)   dealing with official forms and information
>
> (iii) writing formal letters

Información

Vas a España, y tienes que abrir una cuenta en el banco. Tendrás que ir al banco para abrirla. Ten en cuenta el horario: normalmente los bancos se abren al público sólo por la mañana. ¡Entérate bien de estas cosas antes de salir de casa!

A continuación vas a escuchar una conversación entre la entrevistadora, Lucy, que vive en el extranjero, y Alberto, que trabaja en un banco en España. Hablan primero sobre lo que hay que hacer para abrir una cuenta en un banco español y la documentación que hay que presentar.

Práctica 1 Orientación

A Formular preguntas

☺ Antes de escuchar la *Sección A* de la conversación, prepara una serie de preguntas que tú harías en tal situación.

B Comparar preguntas

⚙ *Sección A: Abrir una cuenta*

Compara tus preguntas con las de la conversación. ¿Notas alguna diferencia? ¿Tienes más o menos preguntas?

⬆ Si hay alguna(s) pregunta(s) en la conversación, que no has apuntado tú, añádela(s).

C Reconocer preguntas

Ahora lee las preguntas que siguen y después vuelve a escuchar la *Sección A*.
Indica las preguntas que son idénticas a las que se hacen en la conversación.

1 (a)   ¿Cómo se abre una cuenta en un banco español?

   (b)   ¿Qué tengo que hacer para abrir una cuenta en un banco español?

   (c)   ¿Qué hay que hacer para abrir una cuenta en un banco español?

2 (a)   ¿Qué tiene que hacer un extranjero que quiere abrir una cuenta?

   (b)   Para abrir una cuenta, ¿qué tendría que hacer como extranjera?

   (c)   Un extranjero quiere abrir una cuenta. ¿Qué debe hacer?

3 (a)   ¿Existe una edad mínima para abrir cuentas?

   (b)   ¿Hay una edad mínima para abrir cuentas?

   (c)   ¿Con qué edad se pueden abrir cuentas?

4 (a)   ¿Tendría que rellenar muchos impresos para abrir una cuenta?

   (b)   ¿Es necesario rellenar muchos impresos para abrir una cuenta?

   (c)   ¿Hace falta rellenar muchos impresos para abrir una cuenta?

☑   *Clave*

D Comparar preguntas

Compara tus preguntas con las de la lista anterior.
   (Ten en cuenta que tus preguntas y las de nuestra lista no tienen por qué ser iguales.)
↑ Solamente mira a ver si las ideas son las mismas.

Práctica 2 Comprensión

A Entender la terminología

    Sección A

Estudia esta lista de las palabras/expresiones clave que se utilizan en la conversación.
   Indica el orden en el que surgen.
   Numéralas según el orden en el que aparecen.

a	la cartulina de firmas	f	un impreso
b	la tarjeta de residencia	g	divisas
c	cuenta en pesetas ordinarias	h	la mayoría de edad
d	un requisito	i	cuenta en pesetas convertibles
e	el carnet de identidad	j	tutores legales

B Definiciones

Escribe la palabra o expresión que corresponde a cada definición.

1   cuenta en la que el dinero se puede ingresar en pesetas o en moneda extranjera

2   edad mínima para abrir cuentas

3   personas que representan legalmente a un menor de edad

4   documento que tiene que rellenar un cliente para abrir una cuenta

5   documento que utiliza el banco para comprobar si la firma en, por ejemplo, un cheque corresponde a la del titular de la cuenta

6   documento que tiene que presentar un estudiante extranjero residente en España para abrir una cuenta

7   cuenta en la que el dinero se ingresa en pesetas

8   paso que hay que dar para abrir una cuenta

9   documento que tiene que presentar un estudiante español residente en España para abrir una cuenta

10   monedas extranjeras

 Clave

Práctica 3 Comprensión

Entender explicaciones

 Sección A

Escucha de nuevo esta sección de la conversación y decide si las afirmaciones siguientes son verdaderas (V) o falsas (F).

1   El/la estudiante extranjero/a que no es residente en España tiene que presentar la tarjeta de residencia para abrir una cuenta bancaria.

2   El/la no residente puede abrir una cuenta en pesetas convertibles.

3   El/la no residente tiene que presentar su pasaporte al abrir una cuenta.

4   Un/a menor de edad no puede tener cuentas bancarias.

5   Para abrir una cuenta hay que rellenar un impreso de apertura.

6   Los/las empleados/as del banco tienen que firmar la cartulina de firmas.

☑   *Clave*

↑ Ahora corrige las declaraciones falsas y enséñaselas a tu profesor/a.

Práctica 4 Comprensión

Entender el vocabulario

Sección A (la última pregunta y respuesta)

Completa la transcripción que sigue.

Pregunta   ¿Para qué sirve la cartulina de firmas?

Respuesta   Pues para ____, que el banco pueda _____ siempre, si la firma es
de el que va a utilizar la cuenta.

Alberto se equivoca y utiliza mal una de estas palabras. Corrige su respuesta, susti-
tuyendo la palabra equivocada por la palabra adecuada.

☑   *Clave*

Práctica 5 Comprensión

Entender la terminología

Completa el texto siguiente con la palabra o expresión acertada.

Para abrir una cuenta en un banco español, el estudiante extranjero no residente en el país
tiene que presentar (1) ____. Los no residentes pueden abrir cuentas en pesetas (2) ____, en
(3) ____ o en pesetas (4) ____ . Para abrir cuentas se exige normalmente la (5) ____ de edad.
La persona que desea abrir una cuenta tiene que rellenar un (6) ____, en el que se piden
datos como, por ejemplo, su nombre, su (7) ____, su edad y su nacionalidad. Tiene también
que dejar una muestra de su firma en la (8) ____, que sirve para comprobar la autenticidad
de la misma.

☑   *Clave*

Práctica 6 Expresión escrita

Rellenar un impreso

Un amigo tuyo (John Smith) quiere abrir una cuenta en un banco español.
John (que no habla español) ha cogido este impreso en una sucursal del Banco
Atlántico. Rellénaselo con los datos personales que él te ha dado. Los encontrarás en la
página 29.

B A Banco Atlántico

Contrato de Apertura

☐ Cta. Corriente
☐ Cta. de Ahorro
☐

en Pesetas

Datos de los Titulares del Contrato

Nombre y apellidos o Razón Social | Clave Cliente (1)

Doc. Identificación | Fecha de nacimiento | Profesion | Número de teléfono

Nombre y apellidos | Clave Cliente (1)

Doc. Identificación | Fecha de nacimiento | Profesion | Número de teléfono

Nombre y apellidos | Clave Cliente (1)

Doc. Identificación | Fecha de nacimiento | Profesion | Número de teléfono

Personas autorizadas para disponer en nombre de los titulares:

Nombre y apellidos | Doc. identificación | Clave Cliente (1)

Nombre y apellidos | Doc. identificación | Clave Cliente (1)

Datos del Contrato

Producto | Cl. Banco | Cl. Oficina | D. C. | Núm de Control | C. D. | N.º Cta. Hist. | C. N. A. E. | J. Cial. | Tipo Cta.

0008

Disposición | Impte. depósito inicial | Extracto | Tipo interés acreedor | T. A. E. | Liquidación

Escala | Cód. env. escala | Cód. Campaña | Nivel Segur. | Rentab. | Tipo interés D. | Comisión apert. s/. mayor saldo desc. | Cta. combinada Oficina | Núm. de Control

Enviar correspondencia a
Nombre alternativo | Id. Domicilio

Domicilio

Población | Cód. Postal | Pais

Observaciones

Los titulares mencionados solicitan de Banco Atlántico, S. A., la apertura de una cuenta a la vista con el depósito inicialmente indicado y a los tipos de interés expresados, con la que inician, o en su caso ratifican, sus relaciones comerciales con dicho Banco, relaciones que se regirán de acuerdo con las normas consignadas al dorso y, en lo que no esté recogido, por los usos bancarios y la Legislación vigente sin perjuicio, naturalmente, de las especiales condiciones pactadas en las particulares operaciones que realicen.

En prueba de conformidad suscriben las partes el presente Contrato, reconociendo los titulares recibir copia del mismo suscrita por el Banco así como del folleto informativo de las tarifas de comisiones y gastos repercutibles, y de las normas sobre fechas de valoración de aplicación a la operación concertada.

a　　　　de　　　　　　　　　　de 19

Por Banco Atlántico, S. A.　　　　Firma de los Titulares

Cliente
☐ Nuevo | ☐ Con otras operaciones vigentes

Tarjeta Servired
☐ Cursada petición

Tarjeta de Crédito
☐ Solicitada | ☐ Dispone de ella

124717 (4-90)　　　　Ejemplar para el Banco　　　(1) Número de Cliente en SIP, o cumplimentar Mod. 125612.　　1/2

Banco Atlántico, S. A. - Domicilio social: Av. Diagonal, 407 bis, 08008 Barcelona - Reg. Merc. Barcelona Hoja 4916, Folio 24, Tomo 54, Libro de Sociedades, Inscripción 1.ª - Código Identificación: A 08-017337

Banco Atlántico: Contrato de Apertura

Name:	John SMITH	Telephone no:	437 9856
Address:	C/ Velázquez, 126- 2° A 29017 MALAGA SPAIN	Occupation: Date of birth: Passport no:	Student 29th August 1970 L823946A

Un consejo

Rellenar el formulario no te resultará muy difícil – muchos de los recuadros se repiten o no tienen nada que ver con John Smith. Además, el empleado del banco rellenará los *"Datos del Contrato"*.

 Clave

Práctica 7 Expresión oral

Simulación: Abrir una cuenta bancaria

 con otro/a estudiante o con tu profesor/a.

Para hacer esta práctica tendrás que consultar el impreso de solicitud de apertura de cuenta que hay en la página anterior.

Estudiante A

Eres un/a estudiante de habla española que quiere abrir una cuenta en un banco fuera de su país.

Tienes que enterarte de:

(i)   lo que tienes que hacer para abrir una cuenta en un banco en otro país

(ii)   los documentos que tienes que presentar

(iii)   la edad mínima para abrir cuentas

(iv)   los impresos que tienes que rellenar.

Estudiante B

Eres un/a amigo/a del/de la estudiante A y estás ayudándole a abrir la cuenta.

Tienes que consultar el impreso del banco español que tienes en la página anterior, a modo de guía, y facilitarle la información que necesita.

Un consejo

 Si grabas esta práctica, te resultará más fácil consultar después a tu profesor/a.

Ahora te será más fácil abrir una cuenta en un banco español.

Práctica 8 Lectura / Expresión oral   ✓

A Entender el contenido

Lee la carta que sigue y contesta las siguientes preguntas en español.
Utiliza el diccionario si lo necesitas.

1   ¿Qué hace el Sr. Toval cuando recibe las notificaciones del banco con el
     movimiento de su cuenta?

2   ¿Qué notó?

3   ¿Qué hizo él?

4   ¿Qué hizo el banco?

5   ¿Está satisfecho con la actuación del banco?

6   ¿Qué conclusiones saca el Sr. Toval?

   Clave
      y
      consulta a tu profesor/a

C A S O S   Y   C O S A S   D E   C I U D A D A N O

Pagos con tarjeta

Sra. Directora:

Tengo la sana costumbre de revisar y comprobar todas las anotaciones realizadas en mi cuenta bancaria y en lo que va de año he detectado el cargo indebido por duplicado de diferentes compras realizadas en tres comercios Pryca de Murcia y en la gasolinera Infante, de esta misma localidad. En los cuatro casos he sido yo quien ha notificado el hecho a los comercios y al banco para que se procediera a la devolución de los importes cobrados, cosa que efectivamente hicieron al cabo de algunas semanas (por supuesto sin considerar el perjuicio que puede suponer a un usuario el detraer de su cuenta cantidades inesperadas). Pero dudo mucho que de no haberme percatado de estos cobros los comercios o el banco o Visa hubieran rectificado.

Estoy convencido que esta situación no es única, por lo que sugiero a los lectores de su revista que sean más meticulosos en el control de estos pagos y realicen una reclamación formal cuando se produzcan

AMBROSIO TOVAL

Fundación Ciudadano julio y agosto 1993

B Simulación: Aclarar errores

 con otro/a estudiante o con tu profesor/a.

Estudiante A

Tú eres el Sr. Toval (el cliente).
Quieres aclarar los errores y asegurarte de que el banco va a actuar de forma adecuada.

Estudiante B

Tú eres el/la empleado/a del banco.
Tienes que responder a los problemas planteados por el Sr. Toval y convencerle de que estos errores no volverán a suceder.

 Un consejo

 Si grabas esta práctica, te resultará más fácil consultar después a tu profesor/a.

Práctica 9 Redacción

Escribir una carta

Estás haciendo prácticas empresariales en España. Un día compruebas las notificaciones del banco (en ellas se refleja el movimiento de tu cuenta – ingresos, pagos, las operaciones realizadas con la tarjeta de crédito, etc.) y te das cuenta de que hay varios errores. Son errores relacionados con la tarjeta de crédito, muy parecidos a los del Sr. Toval.

Escribe una carta al director del banco explicando el problema y pidiendo la rectificación de los errores.

Práctica 10 Lectura

Identificar información clave

En la página siguiente tienes un extracto de un folleto publicado por un banco para animar a sus clientes a domiciliar su nómina.

Lee la información y haz una lista de las *siete* ventajas que el banco ofrece a sus clientes.

☑ *Clave*

¡DOMICILIE SU NÓMINA YA!

¡DOMICILIE SU NÓMINA Y GANE EL DOBLE!

Sólo por domiciliar su nómina en el Banco Zaragozano puede doblar su sueldo todos los meses. Basta con que las 4 últimas cifras de su seguro de accidentes gratuito coincidan con las cuatro últimas cifras del primer "Cuponazo" * de cada mes. Ganará un premio equivalente al importe de la nómina abonada en su cuenta el mes anterior. ¡Una paga extra en cualquier momento!.

Llévese su regalo ya.

En el momento de la domiciliación, y hasta el 31 de diciembre de 1992, recibirá un obsequio especial del Banco Zaragozano: un atractivo radio-reloj despertador digital AM-FM.

Domicilie seguro.

Disfrutará de un seguro de accidentes * totalmente gratuito, por un valor igual a 6 veces el importe de la última nómina abonada en su cuenta, y como mínimo de 1 millón de pesetas. Una forma de sentirse más seguro con el Zaragozano.

*Producto de Unisegura Generales S.A. a través de BZ Correduría de Seguros.

Su nómina bien vale un anticipo.

Si necesita un anticipo de la nómina, lo obtendrá fácilmente y de forma inmediata. Para ello le facilitaremos un talonario especial en el que sólo tendrá que indicar la cantidad deseada y entregarlo en su oficina.

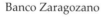

Tarjetas personales.

Por tener su nómina domiciliada dispondrá automáticamente de la tarjeta 4B gratuita y la tarjeta Visa Zaragozano, sin coste de emisión el primer año. Con ellas podrá realizar sus compras cómodamente, aplazar el pago o sacar dinero 24 horas al día en cualquier cajero automático.

Llevará mejor sus cuentas.

Por ser titular de la tarjeta Visa Zaragozano, recibirá mensualmente en su domicilio el resumen"Información de Ingresos y Gastos". Este sencillo balance le detallará todos sus ingresos y gastos, ordenados por los conceptos más frecuentes que se hayan producido en cada mes y a lo largo del año. Así obtendrá una información más completa de su cuenta, y un instrumento muy útil en la gestión de su economía.

Condiciones especiales para una cuenta especial.

Su nómina le va a dar acceso a un atractivo interés por su dinero en cuenta corriente o de ahorro. Y todo va a ser más fácil y rápido si precisa financiación para adquirir una casa, un coche o para cubrir otras necesidades. Podrá disponer fácilmente de la cantidad que necesite y en condiciones especiales.

Cambio de domiciliaciones.

Nos encargamos de todas las gestiones necesarias para que, de forma rápida, todos sus recibos pasen a su nueva cuenta. Un cambio de domiciliación sin molestias ni costes.

Banco Zaragozano

Práctica 11 Orientación

Entender el tema principal

El tema principal de esta sección de la conversación es también la domiciliación, no de la nómina, sino de los pagos: *la domiciliación de pagos*. ¿Qué significa esta expresión?

 Sección B: Domiciliación de pagos

¿Cuál es la explicación más exacta?

1   un servicio que ofrece el banco a las compañías de teléfono y electricidad

2   un servicio que permite al cliente de un banco pagar ciertas facturas como, por ejemplo, las del gas y la electricidad con cargo a su cuenta

3   un servicio que ofrece el banco a clientes que no tienen suficiente dinero para pagar

4   formas de pago que se utilizan actualmente

5   formas de pago que se utilizaban antes

 Clave
o
 si no estás seguro/a.

Práctica 12 Comprensión / Uso del lenguaje

A Entender la terminología

Intenta explicar el significado de estas palabras o expresiones, y apunta tus ideas en tu propio idioma.

cuenta de ahorros
cobradores
domicilio
movimiento de la cuenta
entregar

 Utiliza un diccionario para comprobar tus respuestas, pero si todavía no estás seguro/a, consulta a tu profesor/a.

B Definiciones

Las palabras y expresiones que siguen pueden tener más de un significado.

recibo   (compañía) **emisor**(a)
cobrar   **cumplimentar**

(i)   Mira las siguientes definiciones.

Decide qué palabra corresponde a cada grupo de significados y escríbela.

(ii)   Elige el número que corresponde al uso de cada palabra en la conversación.

Sección B
Escucha la conversación si te hace falta.

(a)   1. Recibir uno lo que se le debe. 2. Tomar. 3. Recuperar. 4. Recoger las piezas cazadas. 5. Recoger tirando una cuerda, etc. 6. Recibir golpes. // *v. prnl.* 7. Obtener, por compensación, lo que se le debe a uno.

(b)   1. Recibimiento. 2. Justificante de haber recibido dinero, u otra cosa. 3. Documento o escrito que se entrega al cobrar una deuda, un servicio, etc. (factura)

(c)   1. Hacer a uno los debidos cumplidos. 2. Poner en ejecución una orden. 3. Rellenar. 4. Ejecutar un trámite.

(d)   1. Que emite. 2. Que remite, expide o pone en circulación. // *s.m.* 3. Aparato productor de ondas hertzianas. // *s.f.* 4. Estación de radio o de televisión.

☑   *Clave*

Práctica 13 Orientación

A Formular preguntas

Abajo hay una lista de los temas de la conversación.
Léela y apunta las preguntas que harías tú para obtener más amplia información sobre cada uno de ellos.

1   Naturaleza de la domiciliación de pagos

2   Explicación de su popularidad

3   Forma de pago que más se utilizaba antes de la introducción de la domiciliación de pagos

4   Otras formas de pago que existían antes

5   Explicación de la expresión

6   Funcionamiento del sistema

7   Forma de solicitar la domiciliación

☺ 8   Lo que cobran los bancos por efectuar la domiciliación de pagos.

B Comprobar tus preguntas

Sección B
Ahora escucha la conversación hasta el final.
Compara cada una de tus preguntas con la que le corresponda en la conversación.

☑   *Clave*

¿Notas alguna diferencia?

¿Cuáles son más claras: tus preguntas o las de la entrevista?

¿Por qué?

Práctica 14 Uso del lenguaje

Relacionar ideas con ejemplos

Sigue una lista de los temas más importantes de la *Sección B*:

1   formas de pago

2   facturas que llegan con cierta regularidad

3   la rápida extensión del servicio de domiciliación de pagos

4   forma de pagar los recibos hace unos años

5   domiciliación en cuenta

6   forma de efectuar la domiciliación

7   forma de solicitar la domiciliación.

Siguen a continuación varios ejemplos y explicaciones de los temas anteriormente señalados.

Elige el ejemplo o la explicación que corresponde a cada tema y escribe el número correcto. (A veces el mismo número corresponderá a más de un ejemplo.)

(a)   Hace unos cuarenta años muy poca gente tenía una cuenta en el banco. La mujer estaba más en casa también. Pocas mujeres se habían incorporado al mundo del trabajo.

(b)   Había cobradores que iban de casa en casa para cobrarlos.

(c)   Los recibos de la luz, el del teléfono, etc.

(d)   Cheques y tarjetas de crédito.

(e)   El pagador tiene que personarse en las oficinas de la compañía para pagar allí.

(f)   Autorizas al banco a pagar el recibo utilizando el dinero de tu cuenta. Tú tienes que informar a la compañía emisora de tus deseos y, a partir de la fecha convenida, los recibos se envían al banco, que te los paga.

(g)   Este podría ser el caso si el cobrador venía a casa un día y a una hora en que no había nadie, o no se tenía suficiente dinero para pagar.

(h)   Existen impresos, tanto en el banco como en las diversas compañías. El usuario tiene que cumplimentarlos y entregarlos.

(i)   No es más ni menos que utilizar tu cuenta corriente para pagar, es decir el lugar donde se van a pagar tus recibos, tu "domicilio de pago", y de ahí "domiciliación de pagos en cuenta bancaria".

Sección B (para comprobar tus respuestas)

 Clave si no estás seguro/a.

Práctica 15 Uso del lenguaje

Reconocer "falsos amigos"

Algunas palabras utilizadas por el empleado de banco se parecen a palabras inglesas, pero no significan lo mismo. (Se llaman *"falsos amigos"*):

convenido	**solicitar**
personarse	**propio**
impresos	**efectivamente**
cartero	**enviar**

Siguen las definiciones de las palabras arriba señaladas, tal como aparecen en *El Diccionario Anaya de la Lengua*.

A veces el diccionario da una serie de palabras, explicaciones y expresiones que corresponden a la palabra que buscas. Tú tienes que decidir cuál es la que se adecua al contexto en el que se utiliza la palabra.

Elige el número con el significado que, en tu opinión, corresponde a la palabra tal como la utiliza el empleado de banco en la conversación.

(a) **convenir** (lat. *convenire*) *v. intr.* **1.** Ser útil o provechoso. **2.** Estar o ponerse de acuerdo. **3.** Admitir, reconocer. **4.** Corresponder, pertenecer. **5.** Concurrir, juntarse en un lugar.

(b) **personarse** (De *persona*) *v. prnl.* **1.** Presentarse en una parte. **2.** Avistarse

(c) **impreso, -a 1.** *p. p. irreg.* de *imprimir.* || *s. m.* **2.** Obra impresa. **3.** Folleto. **4.** Instancia o formulario.

(d) **cartero** (De *carta*) *s. m.* Repartidor del correo.

(e) **solicitar** (De *solicito*) *v. tr.* **1.** Pedir o buscar con diligencia. **2.** Gestionar. **3.** Cortejar. **4.** Atraer una o varias fuerzas a un cuerpo.

(f) **propio, -a** (lat. *proprius*) *adj.* **1.** Perteneciente a uno. **2.** Peculiar, característico. **3.** Conveniente. **4.** Natural. **5.** Mismo. **6.** Dícese del nombre que no puede aplicarse sino a un solo ser, objeto o persona, para distinguirlo de los demás de su especie o clase

(g) **efectivamente** (De *efecto*) *adv.* Realmente; así es.

(h) **enviar** (lat. vulg. **inviare*) *v. tr.* Hacer que una persona o cosa vaya a alguna parte.

 Sección B (para comprobar tus ideas)

 Clave

Práctica 16 Expresión escrita

Resumir una carta oficial

Una amiga de tu país que tiene un piso en Torremolinos acaba de recibir esta carta.
Ella no la entiende, así que te pide le redactes un resumen en tu propio idioma.

Compañia Sevillana
de Electricidad, S. A.

Avda. de la Borbolla n.º 5
41004 Sevilla España

Telfs. 441 73 11 - 441 83 11
Télex 72137 CSE E
Telefax 441 21 28 - 441 56 05
41080 Apartado 1.070
Dirección Telegráfica
Electricidad

Sevillana de Electricidad

Estimado cliente:

Tal como le anunciábamos en la carta anterior, Sevillana acaba de poner en marcha un nuevo formato de la factura de la luz que confiamos redunde en una mejora en la atención que le venimos prestando. Con la factura adjunta pretendemos presentarle con mayor claridad y detalle cada uno de los conceptos. Deberá seguir realizando el pago de la factura en la oficina comercial en que lo venía haciendo hasta la fecha.

En los próximos meses le ofreceremos la posibilidad de realizar dicho pago en las oficinas de los bancos que en su momento le indicaremos, además de en las propias oficinas de Sevillana.

No obstante, si desea evitar las molestias de desplazarse periódicamente a nuestras oficinas, **le recordamos que puede domiciliar el pago de su factura en cualquier banco o caja de ahorros donde tenga usted cuenta.** Para ello no tiene más que cumplimentar la autorización de pago adjunta y enviárnosla por correo.

Para cualquier aclaración que precise, no dude en acercarse a nuestra oficina comercial o consultarnos por teléfono al número que figura en la factura adjunta.

Sin otro particular, y esperando que estas medidas sean de su agrado, aprovechamos la ocasión para saludarle muy atentamente.

COMPAÑIA SEVILLANA DE ELECTRICIDAD, S.A.

 Clave

Práctica 17 Expresión escrita

Resumir un impreso

A base de tu resumen tu amiga decide domiciliar sus pagos correspondientes a la factura de la luz en su cuenta corriente en el Banco Bilbao Vizcaya.

Ella te enseña el impreso que le ha enviado la compañía de electricidad, y te pregunta qué información hay que dar.

Estudia el impreso y haz una lista de los datos solicitados.

Sevillana de Electricidad

Estimado Cliente:

Le sugerimos domicilie el pago de sus facturas de Sevillana en cualquier Banco o Caja de Ahorros.

De ese modo, ganará en comodidad y evitará los desplazamientos a nuestras oficinas comerciales.

Cumplimente debidamente esta autorización de pago y envíela por correo.

La domiciliación no tendrá efecto hasta la facturación siguiente a la de la fecha en que recibamos esta autorización.

AUTORIZACION DE PAGO POR BANCO O CAJA DE AHORROS

Sr. Director del
Banco: _____

Sucursal: _____

Población: _____

Ruego acepten con cargo a mi C/C o libreta las facturas que presente al cobro Cía. Sevillana de Electricidad, correspondientes al suministro cuyas referencias se citan.

DATOS DE LA CUENTA

Núm. C/C o libreta: [ ][ ][ ][ ][ ][ ][ ][ ][ ][ ][ ][ ][ ][ ]

Nombre del titular: _____

Domicilio del titular: _____

Población: _____ Cód. Postal: _____

Provincia: _____ Firma del titular de la cuenta

Fecha: _____

REFERENCIAS DEL SUMINISTRO

Número del suministro (*): [ ][ ][ ][ ][ ][ ][ ][ ]   [ ][ ]   (*) Figura en el AVISO DE PAGO o Factura como "Referencia Suministro".

Dirección del suministro: _____

Población: _____ Cód. Postal: _____ Provincia: _____

Nombre del titular del contrato: _____

Domicilio del titular del contrato: _____

Población: _____ Cód. Postal: _____ Provincia: _____

Código 63 10 120

Autorización de pago por banco o caja de ahorros

☑   *Clave*

Ya casi has terminado la unidad sobre *los bancos en España*.

Antes de hacer la práctica final, vuelve a leer la *información* y los *objetivos* al comienzo de la unidad.

La última práctica te ayudará a *comprobar* si has alcanzado estos objetivos.

Práctica 18 Redacción

Redactar un folleto

Estás haciendo tus prácticas empresariales en un banco español.

Dado que el banco tiene muchas sucursales en las ciudades turísticas y, para hacer frente a las necesidades de los residentes extranjeros, se ha decidido redactar una serie de folletos informativos sobre los servicios bancarios, entre ellos la *domiciliación de pagos*.

Redacta en tu propio idioma y en un máximo de 200 palabras el texto de un folleto informativo sobre la domiciliación de pagos.

Ahora sabrás abrir una cuenta bancaria y hacer uso de los servicios que ofrecen los bancos españoles.

PART B
ESTUDIAR EN ESPAÑA

Unidad 3

LAS UNIVERSIDADES FUNCIONAN ASÍ
El sistema universitario

In this interview you will hear a lecturer describing how universities are organized in Spain. This interview gives you an overview of the university system in Spain from the perspective of a university lecturer who is also very familiar with the ways in which universities are organized in other countries. The unit will therefore help you to understand some of the differences between universities in Spain and those in your own country.

This unit will give you practice in:

(i)   understanding systems, and using appropriate terminology to explain them

(ii) comparing systems in Spain and in your own country

(iii) analysing differences between systems

Información

Vas a pasar un semestre estudiando en una universidad española. Antes de empezar tus estudios en España decides informarte de cómo son las universidades españolas.

A continuación vas a escuchar una conversación entre la entrevistadora, María Jesús, y Juan Jesús, que es profesor de la Universidad de Málaga. Hablan sobre las subdivisiones de la universidad y otros temas muy importantes para todos los que quieran cursar estudios universitarios en España.

Práctica 1 Orientación

A Comprobar lo que ya sabes del tema

Apunta todos los datos que tengas sobre las universidades españolas bajo los apartados que siguen:

- Facultades y Escuelas técnicas

- Campus universitarios

- Residencias universitarias

- Bibliotecas

- Métodos de enseñanza

 - Cursos universitarios

B Formular preguntas

Para aprovechar bien tu estancia en España necesitas más información sobre varios aspectos de las universidades.

Utilizando los apartados mencionados arriba, escribe una lista de las preguntas que harías tú para aclarar los aspectos de la vida universitaria que desconoces, pero que te interesan.

Práctica 2 Comprensión

Identificar la secuencia de los temas

toda la entrevista

En la lista que sigue verás los temas más importantes de la entrevista, pero el orden no es correcto. Numéralos de acuerdo con el orden en el que surgen en la conversación.

(a)   las bibliotecas

(b)   las subdivisiones de la universidad española

(c)   el alojamiento

(d)   el horario de las clases

(e)   el currículum

(f)   los métodos de enseñanza

(g)   la localización geográfica de los campus universitarios

Clave

Práctica 3 Comprensión / Gramática

A Describir la estructura de una organización

Sección A

Haz una lista de las facultades mencionadas por Juan Jesús.

Si no estás seguro/a de cómo se escriben, consulta el diccionario.

Completa el siguiente organigrama.
Si no estás seguro/a, vuelve a escuchar este fragmento de la conversación.

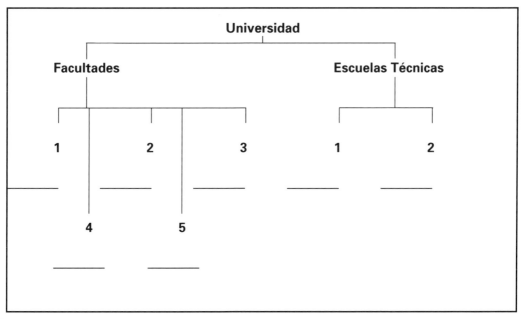

Clave

B Uso de los verbos

 Sigue una transcripción de un fragmento de la conversación.
    Complétala con el verbo adecuado.

La universidad en España (1) ____ en facultades: las facultades (2) ____ edificios donde (3) ____ varios departamentos, y donde los alumnos (4) ____ a clase. Y las facultades clásicas (5) ____, por ejemplo, Medicina, Derecho, Económicas, Filosofía y Letras, Farmacia etc., etc. Y también... la otra división, la otra posibilidad es (6) ____ a una escuela técnica, que eso normalmente (7) ____ estudios de ingeniería, o estudios técnicos.

☑   *Clave*

Práctica 4 Gramática

A Entender el vocabulario

Sección B

En la entrevista Juan Jesús utiliza el verbo *"soler"*.
    Estudia la lista de frases que sigue.
    Identifica las expresiones que signifiquen lo mismo.

... *"normalmente suele haber dos turnos de estudiantes"*...

Normalmente existen dos turnos de estudiantes...

Es probable que haya dos turnos de estudiantes...

A lo mejor hay dos turnos de estudiantes...

Puede haber dos turnos de estudiantes...

A veces hay dos turnos de estudiantes...

Generalmente hay dos turnos de estudiantes...

☑ *Clave*

   o

↑ *si no estás seguro/a.*

B Entender el vocabulario

En la *Sección B* Juan Jesús utiliza también la palabra *"turno"*.

Estudia las definiciones que siguen e indica la que corresponde exactamente al sentido que Juan Jesús da a esta palabra.

turno *nm* (**a**) (*lista*) rota; (*orden*) order (of priority).
　　(**b**) (*vez, oportunidad*) turn; (*tanda*) spell, period of duty; (*de día etc.*) shift; (*en juegos*) turn, go; (*en reunión, etc.*) opportunity to speak; ~ **de día** day shift; ~ **de noche** night shift; **por** ~ in rotation, in turn; **por ~s** by turns; **trabajar por ~s** to work shifts; **trabajar de ~s** shift work(ing); **es su** ~**, es el primero en** ~**, le toca el** ~ it's his turn (next); **esperar su** ~ to wait one's turn, take one's turn; **cuando le llegue el** ~ when her turn comes; **estar de** ~ to be on duty; **estuvo con la querida de** ~ he was with his girlfriend of the moment.

☑ *Clave*

Práctica 5 Comprensión

Tomar notas de horarios

 Sección B

Apunta la hora correcta.

Turnos de estudiantes

Mañana:　　desde las

　　　　　　hasta las

Tarde:　　　desde las

　　　　　　hasta las

☑ *Clave*

Práctica 6 Gramática

Verbos: el tiempo condicional

🎧 *Sección B*

Completa la siguiente frase de acuerdo con la información que da Juan Jesús sobre cómo se organizaría normalmente el día en una universidad española.
Escribe los verbos que faltan.

En España hay dos turnos de estudiantes, uno de mañana, que ____ a las ocho y media de la mañana, y ____ hasta las dos de la tarde, más o menos, y otro que ____ sobre las cinco, o a lo mejor antes, y____ sobre las nueve de la noche.

☑ *Clave*

Práctica 7 Comprensión / Expresión oral   ✓

A Entender datos concretos

🎧 *Sección B*

Escucha lo que Juan Jesús dice sobre la localización geográfica de los campus universitarios, y completa la tabla.

	Localización de los centros universitarios	
	Centro de la ciudad	Fuera del centro urbano
Antiguas universidades		
Nuevos campus de las antiguas universidades		
Nuevas universidades		

☑ *Clave*

B   Dar explicaciones

Sección B

Contesta las preguntas que siguen.

Graba tus respuestas: así te resultará más fácil consultar a tu profesor/a.

1   ¿Dónde suelen estar los campus de las antiguas universidades?

2   ¿Dónde se han construido los campus de las nuevas universidades?

3   ¿Dónde están empezando las antiguas universidades a construir sus nuevos campus?

4   ¿Cómo van los estudiantes a los campus que están alejados del centro urbano?

Práctica 8 Uso del lenguaje

Uso de los conectores

Estudia el texto y complétalo con las expresiones que siguen, conforme a las observaciones de Juan Jesús.

!   *No se puede utilizar la misma expresión más de una vez.*

(1) ____ las antiguas universidades en España están en el centro de la ciudad, las universidades nuevas están realmente alejadas del centro, en las afueras. (2) ____ hoy en día la tendencia es a salir fuera de la ciudad (3) ____ las antiguas universidades están empezando a construir sus facultades en unos campus fuera del centro urbano. Esto tiene repercusiones para los estudiantes (4) ____ tienen que desplazarse en tren o en autobús hasta estos campus.

ya que   **sin embargo**   **mientras que**   **e incluso**

☑   *Clave*

Práctica 9 Comprensión

Entender el contenido

Sección B (Juan Jesús habla del alojamiento.)

Estudia los comentarios que siguen, y decide si son verdaderos (V) o falsos (F).

1   Generalmente los estudiantes españoles viven en pisos

2   … que pertenecen a su familia…

3   … o que se buscan ellos mismos…

4   … y que se comparten.

5   Pocos estudiantes españoles viven con su familia…

6   … porque prefieren vivir en residencias.

7   Los estudiantes extranjeros suelen vivir en residencias.

 Clave

Práctica 10 Comprensión / Uso del lenguaje

A Entender explicaciones

Sección C

Juan Jesús habla de las bibliotecas universitarias.
  Dice que… "funcionan… en un sistema que no es abierto".
  ¿Qué significa esto?
  Identifica la definición correcta.

1   Las bibliotecas no se abren con frecuencia.

2   Es difícil comprender el sistema.

3   Los estudiantes no tienen acceso directo a los libros.

4   El sistema no funciona.

5   Las bibliotecas están cerradas.

 Clave

B Entender la secuencia de las ideas

Sección C

El orden de las frases que siguen no es correcto. Numéralas según la explicación de Juan Jesús.

por lo tanto, los estudiantes deben consultar primero el catálogo,

La organización de las bibliotecas universitarias en España no se parece a la de las extranjeras.

luego pedir la publicación que les interesa a uno de los empleados de la biblioteca

Los estudiantes no tienen acceso directo a los libros.

Es un sistema cerrado,

y el empleado vuelve con el libro pedido.

Mirar la sección C. Allí están en el orden correcto.

C   Entender explicaciones

Sección C

Apunta las palabras que utiliza Juan Jesús y que equivalen al resumen que sigue.

La organización de las bibliotecas universitarias en España no se parece a la de las extranjeras.

Es un sistema cerrado,

por lo tanto, los estudiantes deben consultar primero el catálogo,

luego pedir la publicación que les interesa a uno de los empleados de la biblioteca

y el empleado vuelve con el libro pedido.

Los estudiantes no tienen acceso directo a los libros.

☑   *Clave*

Práctica 11 Comprensión

Definiciones

Sección C

Juan Jesús habla de los métodos de enseñanza en la universidad.

(i)   Apunta la palabra o expresión que corresponde a cada definición.

Método de enseñanza en el que el profesor da clase a varios centenares de estudiantes en un aula magna.

Método de enseñanza en el que el profesor trabaja con grupos reducidos en un tema concreto y en el que la participación activa de los alumnos es muy importante.

Las universidades españolas admiten un número cada vez más elevado de estudiantes. Este fenómeno se llama...

(ii) ¿A qué equivalen estas expresiones en tu propio idioma?

☑   *Clave*
    o
↑   *si no estás seguro/a.*

Práctica 12 Lectura

Entender las ideas clave

(i)   El texto que sigue también trata de los estudios universitarios. Estúdialo por un máximo de 2 minutos, tápalo y rellena los espacios del *resumen* que sigue, escogiendo la palabra apropiada de la lista.

Previo al acceso a la Universidad, hay un curso de introducción a la misma, curso que ha sufrido y seguirá sufriendo sucesivos cambios y modificaciones. Por último, se llega a los niveles universitarios o enseñanza *superior*. A su vez, dentro de esta categoría de estudios universitarios, se distinguen dos tipos de carreras: las de ciclo corto, de tres años, propias de las escuelas universitarias, y las "licenciaturas" de cinco años (que se pretende reducir a cuatro), propias de las facultades y escuelas superiores. El tercer ciclo universitario, por su parte, está formado por los estudios de *doctorado*.

Aunque la Universidad estatal española no es gratuita, el alumno sólo paga un tercio del coste real de la matrícula. En la Universidad los cursos comienzan en octubre y terminan en junio.

España hoy, Tomo 1: Sociedad, ed. Antonio Ramos Gascón
Ediciones Cátedra S.A., Madrid 1991, p. 286

LA ENSEÑANZA SUPERIOR EN ESPAÑA

Previo al (1) _____ a la Universidad, hay un (2) _____ de (3) _____ a la misma, y que se llama COU (Curso de (4) _____ Universitaria).

    Las universidades ofrecen dos tipos de (5) _____ : las de (6) _____ corto, de tres años, y las (7) _____ de cinco años, que se (8) _____ reducir a cuatro. El (9) _____ ciclo es el (10) _____.

    Aunque la Universidad (11) _____ no es gratuita, el alumno sólo paga un (12) _____ del coste real de la (13) _____. Los cursos (14) _____ en octubre y (15)_____ en junio.

carreras	matrícula	tercio
curso	terminan	pretende
comienzan	ciclo	tercer
acceso	licenciaturas	estatal
orientación	introducción	doctorado

☑ *(texto anterior)*

(ii) ¿Hay temas en este texto de los que no se habla en la entrevista?

    Apúntalos y enséñaselos a tu profesor/a.

☑ *Clave*
↑ *o*
si no estás seguro/a.

Práctica 13 Redacción

Redactar un artículo

La universidad de tu país donde estás cursando estudios va a organizar un intercambio con una universidad española.

Redacta un artículo en español (de una página, aproximadamente) para explicar cómo son las universidades de tu país.

Para orientarte, uno de tus profesores te ha sugerido que toques los siguientes puntos:

- acceso a la universidad

- niveles de estudios y carreras

- organización de la universidad: las facultades y escuelas técnicas

- calendario del curso académico en la universidad

- horario

- localización de los edificios universitarios

- alojamiento

- bibliotecas

- métodos de enseñanza

Ya casi has terminado la unidad sobre las *universidades en España*.

Antes de hacer la práctica final, vuelve a leer la *información* y los *objetivos* al comienzo de la unidad.

La última práctica te ayudará a *ampliar* tus conocimientos de este tema.

Práctica 14 Lectura / Expresión oral o escrita

El texto que tienes a continuación en esta práctica es un extracto del reglamento de la biblioteca de una facultad española. Valga como *ejemplo* del tipo de información que reciben los universitarios españoles y puede ser que tú también la recibas si vas a estudiar en una universidad española.

A Identificar los temas clave

Lee el extracto y haz una lista de los puntos clave del sistema de *préstamos* en la Columna A. Después léelo otra vez y en la Columna B anota los detalles específicos para los usuarios de esta biblioteca universitaria.

Nota

La Columna C se utilizará para la práctica siguiente.
Hemos dado como *ejemplo* el primer punto clave.

	A Puntos clave	B Detalles específicos del sistema de esta biblioteca	C Sistema en tu propio centro de estudios
1	distinguir libros de consulta y préstamo	consulta: tejuelo rojo préstamo: amarillo	
2			
3			
4			
5			
6			
7			

☑   *Clave*

BIBLIOTECA UNIVERSITARIA

PRÉSTAMO

Comprobaréis que nuestros libros llevan dos tipos de tejuelos (la pequeña etiqueta en el lomo con la signatura): rojos y amarillos. Los rojos indican que el libro sólo es de consulta (diccionarios, enciclopedias, anuarios, bibliografías, etc.) y utilizable en la sala de lectura y por un día. DEBERÁ SER DEVUELTO ANTES DEL CIERRE DE LA VENTANILLA DE PRÉSTAMO. Los libros con tejuelos amarillos sí pueden llevarse en préstamo por un plazo de cuatro días hábiles (no se cuentan sábados y domingos), prorrogable por otros cuatro, por una sola vez, si nadie lo ha solicitado en ese tiempo y siempre que el libro se devuelva en la fecha exacta. El préstamo incluye un máximo de tres libros.

Para utilizar el servicio de préstamo habréis de tener vuestro Carnet de Biblioteca, que obtendréis tras la presentación de la siguiente documentación en la Sala de Catalogación (1ª Planta Biblioteca, de 9 a 2):

- fotocopia del Documento Nacional de Identidad

- resguardo de matrícula

- una fotografía de tamaño carnet

- la tarjeta debidamente cumplimentada que habréis de recoger en la ventanilla de préstamo

Si se trata de renovar el carnet (hay que renovarlo cada curso académico) no será necesario presentar la fotocopia del D.N.I. Podréis recoger el carnet al día siguiente en la ventanilla de préstamo. El plazo de solicitud finaliza el 31 de diciembre de este año para los alumnos de matrícula ordinaria.

Si en la ventanilla de préstamo os indican que el libro que necesitáis lo tiene alguien en su lista de investigación, acudid a la Sala de Catalogación de los Estudios de Traducción e Interpretación y solicitadlo para que pueda cursarse la oportuna reclamación.

B Hacer comparaciones

(i)   Mira la tabla otra vez y en la Columna C anota los puntos referentes al sistema en tu propio centro de estudios, utilizando las categorías de la Columna A.

 (ii)   Da una explicación concisa de las diferencias principales entre los dos sistemas.

Ahora comprenderás y sabrás explicar cómo funcionan las universidades españolas, comparando la vida y los estudios universitarios españoles con los de tu país.

Unidad 4

ALTERNATIVAS A LA UNIVERSIDAD
Formación profesional

This interview describes the post-16 educational system and how it relates to future work and vocational training. By contrast to other interviews in the book this one is conducted in the more formal style often associated with debates about contemporary issues.

This unit will give you practice in:

(i) understanding formal discourse

(ii) describing a system using charts and diagrams

(iii) analysing and evaluating information about systems

Información

Estás estudiando el sistema de enseñanza post-obligatoria en España.

A continuación vas a escuchar una conversación entre el entrevistador, Alberto, y José Luis Hermoso, profesor de enseñanza secundaria del Instituto de Bachillerato Complutense de Alcalá de Henares. Hablan sobre las reformas que se están llevando a cabo actualmente, y lo que implican para los estudiantes.

Práctica 1 Orientación

A Anticipar lo que se va a oír

 Sección A

Escucha la presentación que hace Alberto de D. José Luis Hermoso.

Antes de escuchar el resto de la *Sección A*, estudia la lista de temas que sigue y elige los que a ti te parezca que van a surgir en la entrevista.

la enseñanza secundaria en España

clases nocturnas para adultos

alumnos procedentes de familias problemáticas

la orientación profesional

la elección del curso más adecuado

B Reconocer los temas

Utiliza la información contenida en la *Sección A* de la conversación para comprobar tus respuestas. Ahora puedes comprobar cuáles son los temas que surgieron.

☑ *Clave*

o

↑ *si no estás seguro/a.*

Práctica 2 Orientación

Identificar los temas de la conversación

⊛ *toda la conversación*

Numera los temas en el orden en el que se presentan.

! *No tendrás que numerar todos los temas porque algunos de los temas de nuestra lista sobran.*

a   cursos de informática

b   bachillerato y COU o formación profesional

c   cursos de nocturno

d   cómo ayuda el orientador a sus alumnos

e   realización de prácticas empresariales

f   salidas profesionales

g   cambios en la formación profesional

h   número de alumnos matriculados en el centro

i   bachillerato obligatorio

j   papel del orientador

k   enseñanza post-obligatoria

☑ *Clave*

Práctica 3 Comprensión

Entender expresiones y siglas

⊛ *toda la conversación*

En la entrevista se mencionan unas siglas que corresponden a dos términos relacionados con el mundo de la enseñanza:

la LOGSE   **COU**

Estas siglas se explican en una sola ocasión.

Para la cinta cuando oigas las explicaciones, y apunta lo que representan estas siglas.

i)   L _____ O _____ G _____ S _____ E _____

ii)   C _____ O _____ U _____*

* Curso de un año que se concluye con el examen de acceso a la universidad.

(Estos dos términos se utilizan frecuentemente en la entrevista: es preciso, por lo tanto, que los comprendas perfectamente.)

 Clave

Práctica 4 Comprensión / Expresión oral

A Entender datos concretos

Sección A

¿Qué información nos proporciona el Sr. Hermoso sobre los alumnos matriculados en los cursos de nocturno?

Elige tus respuestas.

a   trabajan de día

b   no acabaron los estudios

c   son mayores que los demás

d   no son tan inteligentes como los demás

e   estudian por la noche

B Identificar frases sinónimas

Si hace falta, vuelve a escuchar la primera pregunta de Alberto y la primera respuesta del Sr. Hermoso.

Apunta las palabras exactas que utiliza el Sr. Hermoso para decir:

a   a quienes van dirigidas las clases

b   trabajan de día

c   estudian lo que no pudieron estudiar antes

d   el horario de su curso

 Clave

C Hacer comparaciones

Con otro/a estudiante o con tu profesor/a.

Intenta resumir oralmente las semejanzas y diferencias que existen entre los cursos
nocturnos que se organizan en tu país y los que hay en España.

Práctica 5 Comprensión

A Comprender un sistema

Sección A

En el resto de la *Sección A* de la entrevista el Sr. Hermoso subraya las diferencias entre
el antiguo y el nuevo sistema de enseñanza secundaria en España.
  Estudia estas frases e identifica las que sean verdaderas.

la enseñanza secundaria era obligatoria

los alumnos podían abandonar sus estudios a los 14 años

los alumnos podían abandonar sus estudios después de terminar la EGB

los alumnos que habían terminado la enseñanza secundaria podían ir a la universidad

había un curso adicional para los que querían ir a la universidad

Clave

B Entender los puntos clave

El Sr. Hermoso habla también de los cambios que se están efectuando como consecuencia de la nueva ley.
  Apunta los cambios más importantes bajo los apartados que siguen.

a **Edad**

b **Obligatoriedad**

c **Post-obligatoriedad**

d **Acceso a la universidad**

Clave

Práctica 6 Comprensión / Gramática

A Describir un sistema

Sección A

Escucha la información sobre el antiguo sistema de enseñanza secundaria (*pre-LOGSE*) y el nuevo (*post-LOGSE*) y completa la tabla. (Para ayudarte hemos rellenado algunos de los cuadros.)

EDAD	pre-LOGSE	post-LOGSE
hasta los 14 años		
	Bachillerato	
	Bachillerato y COU	
Fin de la escolarización obligatoria	… años	… años

☑ *Clave*

B Formas verbales

Con la ayuda de la tabla que acabas de completar, escribe un pequeño resumen sobre el antiguo y el nuevo sistema de enseñanza. Tendrás que sustituir el infinitivo del verbo entre paréntesis por su tiempo verbal correcto (tal como los utiliza el Sr. Hermoso en su explicación) y completar las oraciones.

1   Con el sistema antiguo los alumnos (poder) abandonar _____.

2   En ellos sólo se (haber) cubierto _____.

3   Con la LOGSE todos los alumnos (deber) estar escolarizados _____.

4   El COU no (llamarse) _____ COU y en su lugar (haber) _____.

5   Por lo tanto, el COU como tal (desaparecer).

 Clave

Práctica 7 Comprensión

Tomar notas

 Sección B

El Sr. Hermoso habla de lo que quieren hacer los alumnos de su Instituto al concluir sus estudios.

(i)   Apunta las cuatro salidas mencionadas por el Sr. Hermoso.

(ii)   ¿Cuáles son los títulos que se exigen para cada salida?

☑ *Clave*

Práctica 8 Comprensión / Uso del lenguaje

En sus contestaciones a las preguntas de Alberto, el Sr. Hermoso utiliza mucho las palabras *"curso"* y *"carrera"*. Esta práctica te ayudará a entender los distintos significados de estas palabras.

A Entender la terminología

 Secciones A y B

En este ejercicio la palabra "curso" o una expresión que incluye esta palabra han sido sustituidas por espacios en blanco.
   Completa los ejemplos con la expresión adecuada.
   (El Sr. Hermoso utiliza todas estas expresiones.)

1   El año pasado abandoné mis estudios y encontré un empleo en una oficina. Sin embargo, quiero seguir estudiando, así que desde las seis de la tarde hasta las diez de la noche asisto a los ـــــ en un instituto de aquí.

2   En España muchos alumnos que con 17 años han repetido ـــــ en el instituto ven que su futuro está en el mercado de trabajo o en la formación profesional.

3   Los estudios que realizan normalmente los alumnos antes de acceder a la universidad se llaman ـــــ.

4   En España los ـــــ se ofrecen tanto en los centros estatales de enseñanza media como en los privados.

☑ *Clave*

↑ *Habla con tu profesor/a para comprobar los distintos usos y significados de la palabra "curso". ¿Cómo se traducirían estas expresiones a tu propio idioma?*

B Definiciones

Siguen algunas de las definiciones de la palabra "carrera" que aparecen en el diccionario monolingüe *Diccionario de uso del español*, de María Moliner.

Señala la que – en tu opinión – corresponde al uso que se hace de esta palabra en la conversación.

carrera

1 **corrida**: acción de ir de un sitio a otro corriendo

2 (por extensión) **acción de darse mucha prisa** en cualquier trabajo u operación

3 (danza) **carrerilla**

4 **camino**: serie de sitios por donde pasa algo

5 **competición en velocidad** entre personas, caballos, perros, liebres, vehículos, etc

6 **conjunto de estudios**, repartidos en cursos, que capacitan para ejecer una profesión

7 **punto**: línea de puntos sueltos en una media u otra prenda

8 (construcción) **madera o viga** horizontal que sostiene otras o enlaza elementos de la armadura

  Clave

C Uso de las palabras

  Sección B

Siguen varios ejemplos del uso que se hace de esta palabra en la conversación:

carreras largas universitarias

las carreras técnicas

carreras más profesionales

carrera de formación profesional, de tipo vocacional

¿Cómo traducirías tú estas expresiones a tu propio idioma?

↑   *Consulta a tu profesor/a para comprobar las traducciones.*

Práctica 9 Comprensión / Uso del lenguaje

A Entender el vocabulario

En el texto que sigue faltan varias palabras o expresiones utilizadas por el Sr. Hermoso en la conversación. Completa la transcipción.

(Hay una lista de las palabras y expresiones que faltan después del texto.)

A Y, si dejasen de estudiar en el tercer año de (1) _____ anterior al COU, ¿qué posibilidades tienen en (2) _____ ?

JLH La verdad es que son muy (3) _____. Parece que solamente estudios de secretariado o de... estudios administrativos para cumplir (4) _____ dentro de la administración pública, en oficinas, parece que son las únicas salidas que hay. Pero nuestros alumnos, incluso para esas salidas, no están (5)——— puesto que en nuestros centros no (6) _____ de enseñanza de (7) _____, ni mucho menos de (8) _____, con lo cual al salir nuestros alumnos después del bachillerato tienen que seguir estudiando para poder encontrar alguna posibilidad de (9) _____.

mecanografía	**bachillerato**	**taquigrafía**
capacitados	**disponemos**	**escasas**
colocación	**el mercado de trabajo**	**funciones**

Sección B: Escuchar lo que dice el Sr. Hermoso para comprobar tus respuestas.

☑ *Clave*

B Sinónimos

Siguen varias palabras de las utilizadas por el Sr. Hermoso en su explicación anterior.

Debajo de cada una hay una lista de palabras, una de las cuales es un sinónimo (es decir, una palabra o frase que significa lo mismo) de la palabra empleada por el Sr. Hermoso, tal como la utiliza él en la conversación.

Elige la expresión sinónima adecuada.

(a) (no) están capacitados para estas salidas

(no) están habilitados para

(no) están preparados para

(no) son capaces de

(no) son avisados

(b) (no) disponemos de

(no) ordenamos

(no) tenemos

(no) determinamos

(no) mandamos

(c) colocación

     destino

     situación

     empleo

     puesto de trabajo

     curso

     plaza

(d) estudios administrativos

     estudios de gestión empresarial

     estudios de dirección

     estudios de secretariado

     estudios para puestos en la administración pública

 Clave

o

 si no estás seguro/a.

Práctica 10 Expresión oral

Expresar problemas

 Sección B

En su respuesta a la segunda pregunta de Alberto, el Sr. Hermoso habla de algunas de las desventajas de buscar empleo poco después de concluir los estudios de bachillerato.
Explícalas con tus propias palabras.

Un consejo

 Graba tus explicaciones, así te resultará más fácil consultar después a tu profesor/a.

Práctica 11 Uso del lenguaje

Relacionar los ejemplos con las ideas

En el resto de la *Sección B* de esta conversación, el Sr. Hermoso habla también de otros estudios para carreras más profesionales.
Estos cursos no los ofrecen los Institutos de Bachillerato, sino los Centros de Formación Profesional (denominados popularmente F.P.), en los que suelen estudiar alumnos de 14 a 19 años.
Otros centros también ofrecen cursos o cursillos de formación profesional, como por ejemplo el INEM. El Instituto Nacional de Empleo organiza cursos de formación profesional para los adultos.

A Estudios de formación profesional

 Sección B

(i)   ¿Qué dos ejemplos da el Sr. Hermoso de estudios de formación profesional o *carreras más profesionales*?

(ii) ¿Cómo define el Sr. Hermoso estas *carreras más profesionales*?

Identifica las dotes que deberían poseer los aspirantes a tales carreras:

(a)   se requiere sobre todo una habilidad manual o física

(b)   se requieren habilidades intelectuales

(c)   se requieren conocimientos teóricos

(d)   se requieren conocimientos abstractos

☑ *Clave*

B Ejemplos de profesiones

Siguen otros ejemplos de profesiones.
Utilizando la definición del Sr. Hermoso, decide cuáles son las profesiones para las que se requieren estudios de formación profesional.

cocinero   mecánico de automóviles

especialista en frío industrial   médico

abogado   encuadernador

☑ *Clave*
↑ *y*
si ni estás seguro/a.

Práctica 12 Expresión escrita / Expresión oral   ✓

A Identificar ventajas e inconvenientes

 Sección B

Escucha las dos últimas preguntas y respuestas y contesta las preguntas que siguen:

(a)   ¿Cuáles son las ventajas de estos cursos?

↑ (b)   ¿Qué dificultades surgen a la hora de persuadir a los alumnos a seguirlos?

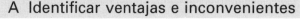

B Comparar sistemas

Mira los dos organigramas de abajo.

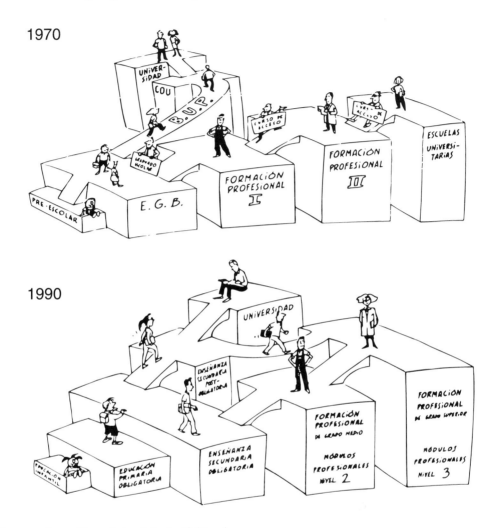

1970

1990

La nueva formación profesional: Javier Ibáñez Aramayo
(Fundación Universidad Empresa)

con tu profesor/a

(a)   Haz una lista de las diferencias entre los dos organigramas.

(b)   Utiliza esta lista como punto de partida para evaluar lo que dice el Sr.
       Hermoso.

Estas preguntas te ayudarán a enfocar tus ideas en los aspectos más importantes.

¿Qué diferencias hay entre la antigua FP y la nueva FP (es decir, la FP post-LOGSE)?

¿Qué posibilidades tiene el alumno de pasar de la FP a la universidad?

¿Qué posibilidades tiene el alumno de acceso al mundo laboral?

Práctica 13 Comprensión

Entender el contenido

   Sección C

Estudia los comentarios que siguen y decide si son verdaderos (V) o falsos (F) según la respuesta que da el Sr. Hermoso a la pregunta que hace Alberto.

1   En el sistema pre-LOGSE había distinción entre los alumnos que elegían bachillerato y los que elegían formación profesional.

2   Con la LOGSE habrá un tronco común tanto para los alumnos de bachillerato como para los de formación profesional.

3   En el sistema post-LOGSE la selección se hará a los 14 años.

4   Los centros de bachillerato a veces están más dotados que los centros de formación profesional.

5   En los centros de bachillerato se ha dado más consideración a las enseñanzas teóricas que a las prácticas.

   Clave

   Ahora corrige las observaciones falsas.

Ya casi has terminado la unidad sobre las *salidas no universitarias y la formación profesional en España*.

Antes de hacer la práctica final, vuelve a leer la *información* y los *objetivos* al comienzo de la unidad.

La última práctica te ayudará a *comprobar* si has alcanzado estos objetivos.

Práctica 14 Expresión oral

Dar una charla

Un grupo de jóvenes españoles (de 16 a 17 años) está haciendo un viaje de estudios por tu país.

El director del centro donde tú estudias te ha pedido que des una charla de una duración máxima de cinco minutos para explicar en español cuáles son los estudios que pueden realizar los jóvenes de esa edad en tu país.

!   *Ten en cuenta que los jóvenes españoles no saben nada de este tema, así que tendrás que pensar en la mejor forma de explicarles la terminología específica del tema.*

↑   *Piensa también en la posibilidad de utilizar el retroproyector u otros medios visuales para ilustrar la estructura de la enseñanza secundaria y la formación profesional en tu país.*

Ahora tendrás una perspectiva más clara de la relación entre los estudios y las salidas laborales en España.

PART C
TRABAJAR EN ESPAÑA

Unidad 5

MÁS ALLÁ DE LA CIUDAD
La economía rural

In this unit you will read and hear about agriculture in Spain, focusing on the different products and types of farming in different regions of Spain. To understand the issues discussed you need to know something about the geography of Spain, its climate and land ownership in rural areas. (The start of the unit focuses on this background information.) Finally the unit introduces more recent and alternative ways of exploiting the economic potential of the Spanish countryside.

This unit will give you practice in:

(i)   understanding and giving semi-technical explanations

(ii) understanding and analysing detailed arguments

(iii) understanding and using language associated with business and enterprise

Información

Vas a visitar una zona rural en España, así que te interesa obtener más información sobre la agricultura y la vida rural.

A continuación oirás una conversación entre la entrevistadora, María Jesús, y el Dr. José Antonio del Cañizo, que es especialista en esta área. No obstante, antes de escuchar la conversación vas a hacer varias prácticas que te ayudarán a comprender mejor los temas que esboza el Dr. del Cañizo.

Práctica 1 Orientación

Orientación a la entrevista

Al comienzo de la entrevista María Jesús le pide al Dr. del Cañizo que describa su trabajo. El contesta así:

"Soy doctor-ingeniero agrónomo..."

"... y trabajo como funcionario en el Ministerio de Agricultura..."

"... y también particularmente en jardinería."

↑ ¿Cómo describirías tú estos tres aspectos de la actividad del Dr. del Cañizo? Explícaselos a tu profesor/a.

Práctica 2 Orientación

Comprobar lo que ya sabes del tema

 En tu próxima visita a un supermercado busca productos españoles como, por ejemplo

- frutas, verduras, hortalizas y legumbres;

- productos alimenticios en lata;

- bebidas alcohólicas y no alcohólicas;

- quesos y yogures;

- carnes.

1   ¿De qué regiones de España son estos productos?
     (Apunta la dirección del productor, que está normalmente en el envase.)

2   ¿Qué otros países exportan productos parecidos?

3   ¿En qué se diferencian los productos de estos países de los productos españoles?

☺ Compara tu lista con la de un/a compañero/a.
     ¿Notas alguna diferencia?

Nota

Guarda tu lista porque la vas a utilizar en la Práctica 8.

Práctica 3 Orientación

Comprobar lo que ya sabes del país

Estudia el Mapa A (en la Práctica 6) e identifica las Comunidades Autónomas (regiones) de la España peninsular. (Faltan las Islas Canarias, aunque están en el mapa, y las ciudades de Ceuta y Melilla que están en la costa norte de Africa.)
     Aquí tienes una lista de las Comunidades Autónomas pero no en el orden correspondiente a los números del mapa. Ordénalas según los números del mapa.

Andalucía	**Extremadura**
Murcia	**Castilla-La Mancha**
Galicia	**Navarra**
La Rioja	**Cantabria**
Madrid	**País Vasco / Euskadi**
Cataluña	**Islas Baleares**
Comunidad Valenciana	**Asturias**
Aragón	**Castilla-León**

  Clave

Información

Lee el texto sin consultar el diccionario, si es posible.
Las prácticas 4 a 7 te ayudarán a entender plenamente el texto.

La agricultura se enfrenta en España con circunstancias desfavorables naturales (abundancia de zonas montañosas, clima muy seco, escasa calidad de muchos suelos) y humanas (escasa mecanización del campo, distribución irregular de la propiedad, tan parcelada a veces – Galicia, Castilla-León, Asturias – que difícilmente llega a producir lo suficiente para las familias propietarias, en tanto que en otras – Castilla-La Mancha, Andalucía, Extremadura – el dominio de un solo dueño sobre grandes extensiones favorece la emigración de los campesinos que las trabajan). Otra característica de la agricultura española, relacionada con la variedad climática peninsular y a la notable extensión del país es la considerable diversidad de cultivos.

El clima, unido al relieve, determina la división del suelo agrícola peninsular en tres zonas principales. La primera, correspondiente a la España húmeda, (Galicia, Asturias, Cantabria y el País Vasco) se caracteriza por cultivos (maíz, principalmente, patatas y judías) en parte destinados (maíz) a la alimentación de los cerdos y vacas que se producen en estas regiones. La segunda zona (que corresponde fundamentalmente a las Comunidades Autónomas de Castilla-León, Madrid y la mitad norte de Castilla-La Mancha) cuenta con un clima de tipo continental (inviernos largos y fríos, veranos cortos, calurosos y secos) y una agricultura basada esencialmente en el cultivo extensivo de los cereales (trigo, cebada, centeno). En el resto de la Península, que tiene en general un clima más suave, con menos variaciones de temperaturas y una escasa pluviosidad en verano, predomina, en general, la agricultura de tipo mediterráneo: cereales, vid, garbanzos, judías, lentejas, olivo, frutales. Existe también una cuarta zona – constituida por suelos más o menos dispersos, coincidiendo con las regiones montañosas, en la que el clima es típico de esas zonas, con inviernos fríos y condiciones meteorológicas relativamente inestables en el resto del año. En esta zona abundan bosques y prados, y los agricultores se dedican a la ganadería. Solamente la primera y la última de las tres zonas mencionadas reciben de manera natural las lluvias que necesitan los cultivos; en las otras dos los riegos de tipo artificial son necesarios.

Texto adaptado del original:
Atlas de Geografía de España, R. M. Bofill Fransí, Ediciones Jover, Barcelona, 1976

Práctica 4 Lectura

Entender el contenido

Estudia las frases que siguen y compáralas con la información del texto, consultando un diccionario si es necesario.

(i)   Identifica las frases cuya información no coincide con la del texto.

(ii)   Corrígelas de acuerdo con la información del texto.

AGRICULTURA EN ESPAÑA

(a)   Las condiciones naturales favorecen la agricultura en España.

(b)   En Galicia, Castilla-León y Asturias las familias no pueden vivir de lo que producen las tierras que les pertenecen.

(c)   En Castilla-La Mancha, Andalucía y Extremadura mucha gente abandona el campo.

(d)   En Castilla-La Mancha, Andalucía y Extremadura hay grandes extensiones de tierra que pertenecen a una sola persona.

(e)   La España húmeda corresponde a las Comunidades Autónomas de Castilla-León, Madrid y la mitad norte de Castilla-La Mancha.

(f)   En la España húmeda se producen naranjas.

(g)   Los cereales (trigo, cebada y centeno) son productos típicos de Galicia, Asturias, Cantabria y el País Vasco.

(h)   En el resto de la Península los productos típicos son de tipo mediterráneo.

(i)   En las zonas montañosas abundan bosques, prados, vacas y ovejas.

(j)   En toda la Península los riegos de tipo artificial son necesarios.

Clave

Práctica 5 Lectura

Definiciones

Lee de nuevo el texto, y si hace falta, consulta un diccionario para buscar el significado de las palabras que no sepas. Busca en el texto las palabras o expresiones que significan lo mismo que:

1   condiciones naturales poco favorables

2   mala calidad de muchas tierras

3   la falta de maquinaria agrícola en el campo

4   otro aspecto de la agricultura española es su gran variedad de productos agrícolas porque existen muchas zonas climáticas y el país es muy grande

5   el maíz se cultiva principalmente para alimentar animales como los cerdos y las vacas

6   en el resto del país las condiciones climáticas son menos variables, con menos diferencias de temperaturas y poca lluvia en verano

7   en las otras dos zonas hay que llevar agua a la tierra para poder cultivarla

Clave

Práctica 6 Lectura

Entender las referencias geográficas

(i)   En el Mapa A indica las primeras tres zonas climáticas mencionadas en el texto.

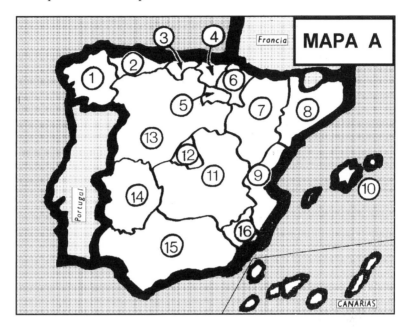

(ii)   En el Mapa B identifica la cuarta zona climática, la que corresponde a las zonas montañosas. Indícalas en el mapa, colocando el nombre adecuado al lado de cada una de ellas.

Encontrarás la información necesaria en una enciclopedia, un atlas o un diccionario ilustrado.

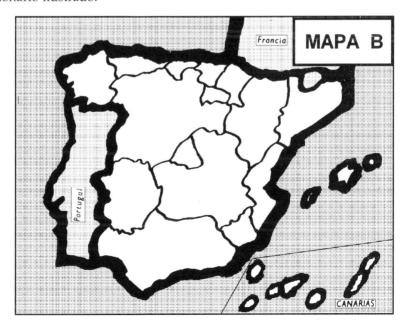

Práctica 7 Expresión escrita

Explicar el texto

Lee de nuevo el texto y contesta las preguntas que siguen.
Escribe tus respuestas en una hoja.

(a) ¿Cuáles son las dos clases de problemas que tiene la agricultura en España?

(b) ¿Qué problema humano se nota en el campo en Galicia, Castilla-León y Asturias?

(c) ¿Cómo se diferencia este problema de los problemas humanos de Castilla-La Mancha, Andalucía y Extremadura?

(d) ¿Por qué existe una gran diversidad de cultivos en España?

(e) ¿En cuántas zonas agrícolas se divide España? ¿Cuáles son las características climáticas de cada zona?

(f) ¿Por qué se produce tanto maíz en Galicia?

(g) ¿En qué Comunidades Autónomas predomina la agricultura de tipo mediterráneo?

(h) ¿En qué zonas se dedican los agricultores a la ganadería?

 (i) ¿Por qué son necesarios los riegos en la segunda y la tercera zona?

Práctica 8 Expresión oral

Evaluar información

 con un/a compañero/a o tu profesor/a

(i) Busca la lista de los productos españoles que hiciste en la Práctica 2.
Mira la dirección del productor, y busca la localidad en un mapa o en un atlas.

¿Cuáles son las características climáticas, geográficas y agrícolas de las zonas de donde proceden, según el texto que acabas de leer?

(ii) Haz una lista de todos los productos agrícolas mencionados en el texto. Compárala con la que hiciste en la Práctica 2.

¿Se exportan todos los productos agrícolas mencionados en el texto?

¿Por qué sí o por qué no, en tu opinión?

Un consejo

Si haces esta práctica con un/a compañero/a, graba tus respuestas: así te resultará más fácil consultar después a tu profesor/a.

Práctica 9 Orientación

Entender las ideas generales

Toda la conversación
Después escucha el comienzo de la Sección A

Cuando escuches toda la conversación, no te preocupes si no entiendes todo lo que oyes; en las prácticas que siguen te ayudaremos a entender los fragmentos que te resulten difíciles de entender.

Presta atención especial a la pregunta:

"¿Es España un país de sol y naranjas todavía?"

y a la respuesta del entrevistado.

El Dr. del Cañizo no contesta ni que sí ni que no, pero ¿qué opinas tú?

Elige la frase que te parezca más acertada.

El Dr. del Cañizo cree que España es un país de sol y naranjas.

El Dr. del Cañizo no cree que España sea un país de sol y naranjas.

¿Qué palabras utiliza el Dr. del Cañizo para indicar su opinión?

☑ *Clave*

Práctica 10 Uso del lenguaje

Entender el vocabulario

En un diccionario monolingüe (el *Diccionario de la Lengua de la Real Academia Española*) se dan las siguientes definiciones de la palabra "tópico":

(adjetivo) perteneciente a determinado lugar

(adjetivo) perteneciente o relativo a la expresión trivial o muy empleada

(sustantivo masculino) medicamento externo

(sustantivo masculino) expresión vulgar o trivial

Identifica la definición que, en tu opinión, corresponde al uso que hace el Dr. del Cañizo de la palabra, teniendo en cuenta la estructura de la frase en la que la utiliza y el sentido que le da.

Si todavía no estás seguro/a de lo que significa la palabra, búscala en un diccionario bilingüe.

☑ *Clave*

Práctica 11 Comprensión

Entender los ejemplos

Sección A

(i)   Si hace falta, vuelve a escuchar la respuesta a la pregunta:

"¿Es España un país de sol y naranjas todavía?"

El Dr. del Cañizo compara España con otros dos países. ¿Cuáles son?

(ii)   Escucha otra vez y completa el siguiente cuadro:

<table>
<tr><td colspan="3" align="center">**IMÁGENES DE PAÍSES**</td></tr>
<tr><td>**España**</td><td align="center">_____</td><td align="right">_____</td></tr>
<tr><td>_____</td><td align="center">_____</td><td align="right">_____</td></tr>
<tr><td>_____</td><td></td><td align="right">_____</td></tr>
</table>

Clave

Práctica 12 Comprensión

A Identificar productos

Sección A

Aquí tienes una lista de varios productos agrícolas y cultivos.
Numéralos en el orden en el que el Dr. del Cañizo los menciona.

cereales

hortalizas

aceite

frutales

vino

Un consejo

Si no estás seguro/a del significado de estas palabras, búscalas en el diccionario.

Clave

B Relacionar productos y regiones

 Sección A

Completa el cuadro que sigue, apuntando la procedencia de cada producto en el espacio correspondiente.

! *Puede ser que no tengas información suficiente para rellenar todos los espacios del cuadro.*

PRODUCTO	REGIONES
aceite	————
vino	————
	————
cereales	————
fruta	————
hortalizas	————
	————

☑ *Clave*

Práctica 13 Lectura ✓

Relacionar el texto con la conversación

Vuelve a leer el texto reproducido antes de la Práctica 4.
  Se mencionan cuatro zonas climáticas, a saber:

1ª Zona: (la España húmeda): Galicia, Asturias, Cantabria y el País Vasco

2ª Zona: Castilla-León, Madrid y la mitad norte de Castilla-La Mancha

3ª Zona: el resto de la Península

4ª Zona: las regiones montañosas

Completa el cuadro que sigue, señalando en el recuadro correspondiente la(s) zona(s) climática(s) de donde proceden los productos mencionados.

	ZONA			
Productos	**1ª**	**2ª**	**3ª**	**4ª**
maíz	❑	❑	❑	❑
patatas	❑	❑	❑	❑
judías	❑	❑	❑	❑
trigo	❑	❑	❑	❑
cebada	❑	❑	❑	❑
centeno	❑	❑	❑	❑
cereales	❑	❑	❑	❑
vino	❑	❑	❑	❑
garbanzos	❑	❑	❑	❑
lentejas	❑	❑	❑	❑
aceitunas	❑	❑	❑	❑
carne (de vaca)	❑	❑	❑	❑

☑ *Clave*

Práctica 14 Gramática

Uso del adjetivo

 Sección A

Sigue una transcripción de la respuesta del Dr. del Cañizo a la pregunta:
"¿Es España un país de sol y naranjas todavía?"
   Los adjetivos han sido suprimidos del texto – los hemos sustituido por espacios en blanco.
   Escucha de nuevo la respuesta del Dr. del Cañizo, y completa el texto.
   ¡Presta atención a la concordancia de los adjetivos!

Eso es un tópico, una imagen – que puede ser eso, lo mismo que si dijéramos que Alemania es el país de las salchichas, o Suiza el del chocolate o el reloj de cuco. Cada país tiene una imagen así, pero en realidad hay (1) _____ cultivos. Podríamos hablar de la España del olivar, (2) _____, (3) _____ con una (4) _____ producción de aceite, de las primeras del mundo, la España del vino, con productos tan (5) ——— como el Rioja, como el Jerez u (6) _____ (7)_____ regiones, la Ribera del Duero, Cataluña; o una España de los cereales que... sería sobre todo (8) _____ la Meseta, (9) _____ el centro. Y luego hay (10) _____ zonas (11) _____ de regadío con frutales, y con hortalizas, sobre todo pues (12) _____ el Levante, Aragón y las hortalizas (13) _____ en el caso de Almería, Málaga. O sea que es un país agrícolamente muy (14) _____, porque la geografía (15) _____ y su clima son muy (16) _____.

☑ *Clave*

Práctica 15 Comprensión / Uso del lenguaje

A Entender la terminología

 Sección B

Sigue una lista de palabras o expresiones relacionadas con las distintas clases de explotaciones agrícolas que existen en España.

Intenta identificar las que se mencionan tanto en la *pregunta* como en la *respuesta*, numerándolas en el orden correcto.

finca   latifundio

parcela   minifundio

granja   cooperativa

explotación de tamaño medio

Un consejo

No te preocupes si este fragmento te resulta difícil de entender – las prácticas que siguen te ayudarán a entenderlo mejor.

☑ *Clave*

B Definiciones

Siguen las definiciones de las palabras y expresiones que aparecen en la lista en la primera parte de esta práctica.

Identifica la palabra o expresión que corresponde a cada definición. Si hace falta, consulta un diccionario para averiguar el significado.

sociedad que se constituye entre productores y/o vendedores, para la utilidad común de los socios

propiedad rústica de gran extensión consistente principalmente en tierras

propiedad rústica ni grande ni pequeña

propiedad rústica que, por su reducida extensión, no puede ser objeto por sí misma de cultivo en condiciones remuneradoras

porción pequeña de terreno, de ordinario sobrante de otra propiedad mayor que se ha comprado, expropiado o adjudicado

propiedad rústica, consistente principalmente en tierras, o propiedad urbana consistente en un edificio

hacienda de campo, a manera de gran huerta, dentro de la cual suele haber una casería donde se recogen la gente de labor y el ganado, o propiedad dedicada a la cría de animales domésticos.

☑ *Clave*

C Clasificación

Clasifica las explotaciones mencionadas antes así:

grande (G)   mediana (M)   pequeña (P)

☑ *Clave*

Práctica 16 Expresión oral   ✓

Dar una charla

Tienes que dar una pequeña charla sobre aspectos de la agricultura en tu país.

Elige una región que conozcas y describe sus características y los productos agrícolas por los que tiene fama.

Si quieres, utiliza los temas de los textos y de la entrevista:

- localización geográfica de la región

- clima

- productos agrícolas

- comparación entre la imagen y la realidad

- comparación con una región española:

  - productos

  - tamaño de las explotaciones agrícolas

Un consejo

Graba tus respuestas – así te resultará más fácil consultar después a tu profesor/a.

Ya has terminado la parte de la unidad referente a la economía tradicional del *campo en España*.

Antes de seguir, vuelve a leer la *información* y los *objetivos* al comienzo de la unidad.

Las últimas prácticas te mostrarán otros *aspectos más recientes* de la economía rural.

Información

Las prácticas siguientes se centran en las nuevas formas de ganarse la vida en el campo y en la relación entre el *turismo,* una de las actividades económicas más importantes del país, y la España rural.

Práctica 17 Expresión oral

Analizar la información

> María tiene 35 años, posee Graduado Escolar, trabajó en el campo recogiendo aceituna y en la vendimia, estuvo tres veranos de limpiadora en un hotel de la costa y dos de camarera. El año pasado realizó un curso de Camarera de Sala. Ahora tiene una casa en la sierra con dos habitaciones libres y acaba de heredar dos cuevas.
>
> Quiere montar un negocio de turismo rural, por ejemplo alquilar sus habitaciones libres a turistas y posiblemente abrir un pequeño bar o restaurante.

☺☺ Para decidir si sería posible hacer todo esto María analizó su *experiencia* laboral, las *tareas* que había llevado a cabo en sus diferentes trabajos y los *recursos* que había *utilizado.*

(i) En la página siguiente tienes parte del análisis que llevó a cabo.
    Algunos espacios están en blanco. Mira la lista que hay debajo de la tabla y decide:

1   cuáles son *tareas* y cuáles son *recursos utilizados*

2   con qué parte de su *experiencia laboral* se relacionan

Después completa la tabla.

☑ *Clave*

☺☺ (ii) Analiza las perspectivas del proyecto de María.

Decide qué recursos necesita para su negocio:

1   <u>Subraya</u> los recursos indicados en la tabla que se van a utilizar.

2   Si crees que necesitará otros recursos no señalados, haz una lista.

! *Las preguntas siguientes te facilitarán la práctica.*

1   ¿Tiene María conocimientos suficientes del sector y experiencia para montar y regentar una pequeña casa de huéspedes y un bar o restaurante?

2   ¿Tiene los conocimientos y la experiencia necesaria para manejar los aspectos económicos y comerciales de este proyecto? ¿Cómo podría mejorar sus conocimientos en este área?

EL ANÁLISIS DE MARÍA

EXPERIENCIA	TAREAS	RECURSOS UTILIZADOS
1. Tareas domésticas	——— ———	Organización y planificación del tiempo. Sentido del orden. Control de la economía doméstica.
2. Recogida de aceituna y vendimia	Labores de recogida de cosecha. Selección de productos.	——— ———
3. Limpiadora	——— ———	Disciplina en el trabajo. Hábitos de higiene, orden.
4. Camarera	Disposición de cubiertos y vajillas en las mesas. Servicio de los diferentes platos de un menú. Servicio de bebidas.	——— ——— ———

- Rapidez y eficacia en el servicio.

- Preparación y elaboración de alimentos.

- Resistencia a la fatiga.

- Observación de las costumbres y gustos de los clientes.

- Utilización del utillaje y productos de limpieza propios de la profesión.

- Sentido del orden y de la estética en la disposición de las mesas.

- Mantenimiento de un ritmo de trabajo.

- Limpieza, cuidado y conservación de la casa.

- Discreción en el trato con clientes.

Práctica 18 Lectura

El artículo que tienes en esta práctica describe en bastante detalle un pequeño negocio basado en el turismo rural.

A Identificar la secuencia de las ideas

Aquí tienes una lista de los temas principales, pero no están en el orden correcto.
Numéralos siguiendo el orden en que aparecen en el texto.

Papeles dentro de la compañía

Cómo empezó la idea

Evolución hasta la fecha

El personal y sus estudios

Tema del artículo

Ambiciones a largo plazo

Preparativos y primeros pasos

Lo que ofrece la compañía

Conclusión

Perspectivas de futuro a corto plazo

☑ *Clave*

B Identificar la estructura de la empresa

Lee el artículo otra vez, o tantas veces como te sea necesario.
Completa las columnas A, B y C con la información proporcionada en él.

	A FORMACIÓN	B PAPEL (EN LA EMPRESA)	C TAREAS ESPECÍFICAS
Isabel			
Monsalud			
Nuria			
(Todas)			

  Clave

Savia nueva para el turismo
Tres chicas constituyen una empresa de comercialización del segmento rural

Tres jóvenes malagueñas se han embarcado en una tarea poco usual: crear una empresa dedicada a la comercialización de un segmento de turismo muy poco extendido, aunque en auge, como es el rural.

Son Isabel Heras Navarro, técnico de empresas y actividades turísticas; Monsalud Galindo Bautista, estudiante de 5.º curso de Derecho y master en dirección de empresas, y Nuria García Martín, licenciada en Ciencias Empresariales.

Las tres decidieron hace poco crear una empresa, Ruralandalus, dedicada exclusivamente a la promoción y comercialización del turismo rural, para el que en la provincia de Málaga existen unas condiciones extraordinarias en las comarcas de la Serranía de Ronda, Sierra de las Nieves y Axarquía, en donde basan el incipiente negocio.

Isabel es la que se ocupa de la gestión turística propiamente dicha, y a fuerza de visitas y teléfono capta clientes para la red de alojamientos que todavía están creando y para las rutas que tienen en programa. Monsalud se ocupa de la gestión comercial, y es la que negocia con el cliente y los propietarios de los alojamientos rurales que ofrecen a sus clientes; por último Nuria es la que lleva el control financiero de la sociedad.

Un día descubrieron qué es esto del turismo rural al conocer la existencia de unos cursos organizados por el Instituto Andaluz de la Mujer. Isabel y Nuria, al seguir ese primer curso, quedaron convencidas en la idea de que existía un campo de trabajo prácticamente inexplorado.

Luego se pusieron a recorrer la provincia de un extremo a otro, "porque ha sido mucho el camino que hemos tenido que recorrer, visitar prácticamente todos los pueblos del interior para conocerlos mejor, ver sus rutas, hablar con la gente, conocer a los propietarios de estas viviendas que tenemos en el mercado, concertar con restaurantes y ventas los servicios que ofrecemos a nuestros clientes, ver dónde podemos contar con caballos y vehículos todoterreno".

Como ejemplo de lo que les ocurre en fechas muy señaladas Isabel apunta que "esta Semana Santa hemos comercializado las 53 casas que tenemos en nuestro catálogo, es decir unas 370 plazas de alojamiento".

También esperan duplicar al menos la cifra de clientes atendidos, que en los primeros siete meses de actividad se había elevado a unos 1500. "Queremos ampliar la promoción fuera de Andalucía, llegar a Madrid, donde hay un buen mercado, y salir al extranjero, porque fuera de puentes festivos, pequeñas vacaciones y la temporada alta, el turismo rural no tiene tanta demanda, y pensamos que esos huecos los puede ocupar el extranjero", dice Monsalud.

Y todo ello en medio de unas perspectivas que pronostican un crecimiento sostenido de este tipo de turismo.

C Analizar la información

El equipo ya ha llevado a cabo muchas actividades pero también tiene planes inmediatos y a corto plazo, así como ambiciones a largo plazo.

Abajo tienes una lista de sus actividades ya iniciadas y de las que están planificadas para el futuro, tanto a largo como a corto plazo.

(i) Lee la última parte del artículo otra vez y decide (A) qué actividades se han llevado a cabo, (B) cuáles están planeadas para el futuro inmediato o (C) las que representan ambiciones futuras.

Identifica las frases 1–6 con A, B o C según la clase de actividad.

1   establecer contacto con los propietarios de los pueblos

2   incrementar el número de clientes

3   establecer contacto con clientes de otros países

4   organizar visitas turísticas dentro de la Provincia de Málaga

5   promocionarse más allá de Andalucía (dentro de España)

6   establecer un catálogo de restaurantes y alojamiento con el que pueden contar

☑ *Clave*

(ii) Contesta las siguientes preguntas en español:

1   ¿Qué razones dan para ampliar su negocio fuera de Andalucía?

2   ¿Cómo evalúas sus posibilidades de éxito en el negocio?

Ahora comprenderás y sabrás esbozar los rasgos más característicos de un importante sector de la economía española.

Unidad 6

LO NUESTRO ES FABRICAR
Radiografía de una compañía española

In this unit you will hear an engineer talking about the company where he works. He describes the product which is manufactured, and tells us about the production process, as well as how this relates to the wider organization of his company. The unit also introduces you to a range of technical language relevant to any work placement in Spain.

> This unit will give you practice in:
>
> (i)   understanding and explaining work routines
>
> (ii) understanding and describing technical processes
>
> (iii) describing functions and structures within an organization

Información

En la conversación vas a oír a Eduardo, que es ingeniero químico. Eduardo nos describe su trabajo, varios aspectos técnicos del proceso de producción, así como el papel que desempeña dentro de la compañía.

Práctica 1 Orientación

A Anticipar los temas de la conversación

Estás a punto de ir a España para pasar unos meses haciendo prácticas en una empresa española. Lo único que sabes es que es una compañía química.

Se te ha facilitado el número de teléfono del ayudante del jefe de la planta. Antes de llamarle, piensa en la información que vas a necesitar, y haz una lista de preguntas.

 Si puedes, compara tu lista con la de un/a compañero/a

o

 enséñasela a tu profesor/a.

B Reconocer preguntas

 toda la entrevista

Presta atención especial a lo que dice Lucy, que indica varios temas que van a surgir en la conversación. ¿Cuáles son?

Apúntalos y compáralos con los de tu lista.

 Enséñale las listas a tu profesor/a.

Práctica 2 Uso del lenguaje

Información

En España tendrás que tomar una decisión muy importante antes de entablar conversación con otra persona: ¿vas a tratar a esta persona de *tú* o de *usted*?

Aunque normalmente se suelen perdonar los errores cometidos por los extranjeros, es importante elegir la persona adecuada del verbo, según la persona con quien estás hablando. Si no estás seguro/a, siempre es preferible iniciar la conversación con *usted*.

Siguen las recomendaciones al respecto de un libro de gramática:

> *Tú* y *usted*
> En el trato personal, el *tú* es la forma en que se expresa la intimidad, el amor y la ternura. Por eso a todos los niños, y a veces a los adolescentes, los mayores los tratan de *tú*. Sin ir necesariamente asociado a estos sentimientos, el tratamiento de *tú* tiene un extenso uso en español. Es el lenguaje no solamente de la amistad y de la familia, sino también de la camaradería y se extiende a muchas situaciones en que se arrostran y conllevan idénticos riesgos, trabajos y afanes (universidades, cuarteles, centros fabriles, etc.).

Esbozo de una Nueva Gramática de la Lengua Española, 2.14.6 (pp. 343–4)
Real Academia Española, ed. Espasa Calpe, S.A., 1983

Nota

En otros países hispanohablantes el uso de *tú*, *vosotros* y *usted(es)* no corresponde exactamente al uso peninsular.

A Escoger entre *tú* y *usted*

Tu período de prácticas empresariales está a punto de empezar. Teniendo en cuenta que te toca a ti iniciar la conversación, ¿cómo tratarías a estas personas: de *tú* o de *usted*?

- el director-gerente de la sociedad

- la persona encargada de supervisar tu trabajo en la empresa

- un compañero de trabajo

- un trabajador de la cadena de montaje

- la secretaria del director-gerente

- un dependiente de una tienda o un empleado de banco

- un camarero

- los padres de un compañero de trabajo

- un profesor universitario

B Utilizar *tú* o *usted*

  Sección A

Vuelve a escuchar esta sección en la que Eduardo hace una pregunta para confirmar si se va a utilizar *tú* o *usted* en la conversación.

(i)   Identifica la pregunta en la lista que sigue.

(ii) Señala con una **P** las otras que se suelen hacer en estas circunstancias.

> ¿Nos tratamos de *tú* o de *usted*?
>
> ¿Cuál prefiere: *tú* o *usted*?
>
> ¿Nos hablamos de *tú* o de *usted*?
>
> ¿Le trato de *tú* o de *usted*?
>
> ¿Qué es lo que más le gusta: *tú* o *usted*?
>
> ¿Cuál es mejor: *tú* o *usted*?

  Clave
o
  si no estás seguro/a.

Práctica 3 Comprensión

A Jornadas de trabajo

  Sección A

Eduardo hace una distinción entre la *jornada intensiva* y la *jornada partida*, y dice que en su planta hay jornada intensiva.

¿Qué información nos proporciona sobre su horario de trabajo por la mañana y por la tarde?

En tu opinión, ¿qué diferencias hay entre la jornada partida y la intensiva?

B Horarios de trabajo

Completa la tabla con información relativa al horario normal en España de:

	se abren		se cierran	
	mañana	tarde	mañana	tarde
los bancos				
las oficinas públicas de Ministerios y Ayuntamientos, etc.				
los grandes almacenes				
las tiendas del centro de la ciudad				
tiendas de comestibles situadas en un barrio				
supermercados				

 Consulta a tu profesor/a.

Práctica 4 Uso del lenguaje

Relacionar las ideas: secuencia

 Sección A

(i)   En la Columna B tienes lo que hace Eduardo. Numera estas observaciones en el orden en que Eduardo las menciona en la conversación.

(ii) En la Columna A tienes una serie de *conectores*. Relaciona cada conector con la observación adecuada de la Columna B, teniendo en cuenta el orden en que Eduardo las menciona en la conversación. Si quieres, vuelve a escribir el texto completo.

A	B
	pues, bueno, lo que concretamente suelo hacer es planificarme el día
luego	
	me acerco a la sala de control y veo qué es lo que ha ocurrido y si ha habido alguna novedad durante la noche
en cuanto	
	lo que hago es
después	
	a las nueve nos reunimos el jefe de planta y los otros dos ingenieros
primero	
	llego a la planta dar una vuelta
normalmente	

☑ *Clave*

Práctica 5 Orientación

A Reconocer los temas

En la *Sección B* se explica lo que se produce en la planta química.

Antes de oír lo que dice Eduardo mira la lista de temas de abajo e intenta identificar los que surgirán en la conversación.

lo que se fabrica

descripción del producto

proceso de fabricación

tecnologías utilizadas en la fabricación

usos del producto

producción anual

☑ *Práctica B*

B Relacionar las preguntas con los temas

Sección B

(i) Presta atención a las preguntas de Lucy y mira de nuevo la lista de temas del apartado anterior.
Identifica los temas que corresponden a las preguntas de Lucy. Numéralos en el orden en el que salen en la conversación.

! *Una de las preguntas es solamente* implícita. *(Se formula como imperativo.)*

☑ *Clave*

(ii) Vuelve a escuchar la Sección B.
Escribe exactamente las preguntas de Lucy.

☑ *Clave*

(iii) Escucha otra vez la Sección B, prestando atención a las respuestas que da Eduardo a las preguntas de Lucy.

¿Hay alguna pregunta a la que Eduardo no contesta?

¿Por qué no?

☑ *(a continuación)*

Eduardo no da una explicación del proceso de fabricación en esta sección porque le parece oportuno definir primero las propiedades físicas y la estructura química del látex.

(Las prácticas que siguen te ayudarán a comprender su exposición.)

Práctica 6 Gramática

A Relacionar los adjetivos con los sustantivos

Sección B

Eduardo menciona cuatro propiedades del látex. ¿Cuáles son?
Completa la Columna A con estas cuatro propiedades.

A: SUSTANTIVOS	B: ADJETIVOS
1 ＿＿	＿＿
2 ＿＿	＿＿
3 ＿＿	＿＿
4 ＿＿	＿＿

Ahora busca el adjetivo que corresponde a cada sustantivo. Completa la Columna B. (Si es necesario consulta un diccionario monolingüe.)

 Clave

B Uso de los adjetivos

Mira la información sobre las propiedades de otros materiales en la tabla de abajo. Redacta frases completas según el *ejemplo*.

	MATERIAL	CARACTERÍSTICAS o PROPIEDADES			
	El látex	dureza	flexibilidad	resistencia	adhesión
1	El hormigón	peso	fuerza	rigidez	economía
2	El vidrio	dureza	impermeabilidad	transparencia	baratura
3	El plástico	blandura	economía	aislamiento	versatilidad

Ejemplo

El *látex* es un material *duro, flexible, resistente* y *adhesivo.*

Describe los otros materiales de la misma manera.

 Clave

Práctica 7 Uso del lenguaje

Definiciones

 Sección B

Utiliza la información contenida en la conversación para completar la tabla.

	Composición			
Descripción general	Emulsión	1	que lleva suspendidas	2
Ejemplo conocido		aceite		gotas huevo batido)
Ejemplo desconocido	Látex		que lleva suspendidos	

Ahora utiliza la información de la tabla que acabas de completar para redactar una definición del látex.

☑ *Clave*

Práctica 8 Comprensión

Entender la terminología técnica

Hay varias formas de definir o explicar términos técnicos. En las prácticas anteriores observa la estructura de la definición o explicación: se menciona primero la categoría general a la que pertenece el término, y luego se describen sus características especiales (por ejemplo, su composición) que lo diferencian de otras sustancias de la misma categoría.

La otra posibilidad es el uso de *comparaciones* y *ejemplos*, como verás en las prácticas que siguen.

A Hacer comparaciones

  Sección B

Escucha de nuevo y completa la tabla.

TÉRMINO TÉCNICO	COMPARACIÓN	TÉRMINO NO-TÉCNICO
_____	se_____a	una cadena
_____	son _____	_____ (parte de una cadena)

☑ *Clave*

B Dar explicaciones

Identifica cada uno de los dibujos de acuerdo con la explicación de Eduardo.

Compuesto químico   **Comparación**

  Clave

Práctica 9 Comprensión   ✓

A Entender el contenido

Sección B

Decide si las frases que siguen son verdaderas (V) o falsas (F).

1   En el caso del látex el líquido es un polímero y la sustancia insoluble que lleva es el agua.

2   Una emulsión es un líquido que lleva suspendidas en él partículas o gotas de otra sustancia insoluble.

3   El látex es una especie de pintura.

4   Un polímero es un compuesto químico.

5   Las partes constituyentes de un polímero se llaman monómeros.

6   Un ejemplo de una sustancia insoluble es la mayonesa.

7   Los monómeros se pueden comparar con los eslabones de una cadena.

8   La estructura de un polímero se parece a una cadena.

 Clave

B Utilizar términos técnicos

Si hace falta, vuelve a escuchar la *Sección B* y de acuerdo con la información contenida en la tabla de la página 94, completa el texto que sigue. (Todas las palabras y frases que necesitarás están en la tabla, y algunas se repiten.)

Se puede decir que una emulsión consiste en un (1) _____: un ejemplo que conocemos todos es la (2) _____. El látex es un ejemplo de una emulsión que se utiliza mucho en la industria. Hasta los años 40 se utilizaba sobre todo el látex natural como materia prima; a partir de entonces se utiliza cada vez más el látex sintético, sobre todo en la fabricación de pinturas y revestimientos. Este látex sintético es una (3) _____ de agua y (4) _____. Los (5) _____ son compuestos formados de componentes idénticos que se repiten para formar (6) _____. Los componentes individuales de los (7) _____ se llaman (8) _____, y son como los (9) _____ de una cadena.

 Clave

Práctica 10 Comprensión

Entender procesos

  Sección C

Lucy pregunta: "¿Hay etapas bien definidas en la producción?"
Las etapas mencionadas por Eduardo están abajo.
Numéralas en el orden correcto, según la conversación.

filtración del látex

polimerización

condensación y separación de los monómeros por peso

destilación y extracción de los monómeros no polimerizados

añadir elementos

almacenamiento del látex

enfriamiento del látex

☑ *Clave*

Práctica 11 Gramática

A Reconocer los verbos pronominales

En la Sección C observarás muchos ejemplos del verbo reflexivo o pronominal:

… se pasa el producto a una destilación…

… se evaporan estos monómeros…

… el látex, después de destilarse, se enfría…

… se le añaden…

    etc.

El verbo reflexivo o pronominal se utiliza con frecuencia en las *descripciones de un proceso*, y en las *instrucciones*.

En esta receta para mayonesa, los verbos han sido suprimidos. Debajo de la receta hay una lista de los verbos que faltan. Completa la receta, rellenando cada espacio con el verbo adecuado, utilizando el reflexivo/pronominal.

Salsa Mayonesa

Ingredientes

una yema de huevo

aceite de oliva refinado (un vaso de los de vino)

limón

sal

Instrucciones

Primero (1) _____ un poco la yema; una vez batida, (2)_____ poco a poco el aceite. A la vez que (3) _____ el aceite, (4) _____ rápidamente, sin parar de modo que (5) _____ bien el aceite que (6) _____ .

Al final (7) _____ también con mucho cuidado y despacito el chorro de limón y la sal.

ligar	**añadir**	**agregar**
mover	**echar (2)**	**batir**

☑ *Clave*

B Utilizar los verbos

⊛ *Grabación suplementaria (al final de la conversación)*

Escucha las explicaciones grabadas en la cinta.

Escribe con tus propias palabras los pasos a seguir para realizar cada operación, usando los verbos reflexivos/pronominales.

↑ *Enseña tus explicaciones a tu profesor/a.*

Práctica 12 Redacción   ✓

Explicar un proceso

⊛ *Sección C*

Si hace falta, escucha de nuevo la explicación de las etapas de la producción del látex. Utilizando este gráfico como punto de partida, redacta una breve descripción de la producción del látex.

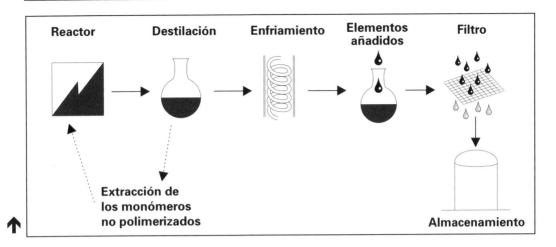

| Reactor | Destilación | Enfriamiento | Elementos añadidos | Filtro |

Extracción de los monómeros no polimerizados

Almacenamiento

Práctica 13 Comprensión

Entender información concreta

Sección C

Eduardo explica cómo se controla el proceso. Escucha su explicación e indica si las siguientes afirmaciones son verdaderas (V) o falsas (F).

(a)   El proceso se controla mediante dos ordenadores.

(b)   Uno de los ordenadores se pone en marcha si el otro no funciona.

(c)   Uno lleva todo el proceso.

(d)   Cada ordenador corre con un programa distinto.

(e)   Un ordenador controla al otro.

☑   *Clave*

Ahora corrige las declaraciones falsas.

☺   *con un/a compañero/a*

↑   *o*
    si no estás seguro/a.

Práctica 14 Comprensión / Redacción   ✓

A Identificar las funciones

Sección D

Al comienzo de la conversación Eduardo dice que su puesto es "el de ayudante del jefe de la planta".

Sigue una lista de las funciones de varias personas que trabajan en la fábrica. Identifica las que corresponden a Eduardo.

entablar contacto con los clientes

mantener la continuidad del suministro de las materias primas

pagar a los suministradores

lanzamiento de un producto nuevo

control de la calidad

asegurar la seguridad en todos los aspectos de la producción

controlar la producción

planificar la producción

☑ *Clave*

B Identificar la estructura de una empresa

Completa el organigrama de esta empresa, colocando en los espacios en blanco las funciones que corresponden a cada sección.

- proceso de producción

- productividad

- distribución del producto

- contactos con los clientes

- obtención de materias primas

- control de calidad

- contactos con los suministradores

- seguridad del proceso de producción

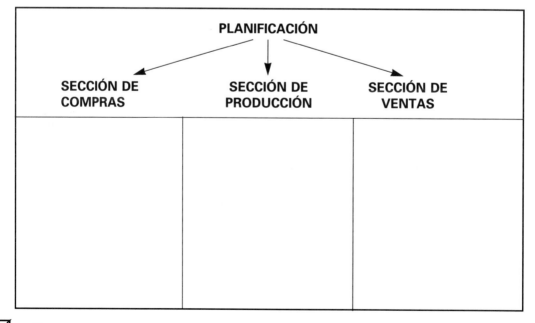

PLANIFICACIÓN		
SECCIÓN DE COMPRAS	**SECCIÓN DE PRODUCCIÓN**	**SECCIÓN DE VENTAS**

☑ *Clave*

C Describir una organización

 Redacta una descripción de la organización de la empresa y las funciones de las distintas secciones.

Ya casi has terminado la unidad sobre *la experiencia laboral en España*.

Antes de seguir, vuelve a leer la *información* y los *objetivos* al comienzo de la unidad.

Las últimas prácticas te ayudarán a *ampliar* tus conocimientos de este tema.

Práctica 15 Lectura / Uso del lenguaje

A Entender el contenido

Lee el artículo "Muerte a las polillas" en la página 102 y estudia las siguientes observaciones.

(i)   Decide si son verdaderas (V) o falsas (F). Corrige las falsas.

(ii) Numera cada observación según el orden en el que aparece en el artículo.

> Los xilófagos destruyen la madera.
>
> La destrucción de muebles de madera por las polillas alcanza niveles más elevados en las zonas secas que en las zonas húmedas.
>
> El tratamiento Vac Vac no elimina estos bichos.
>
> Después de haber sido tratados por el sistema Vac Vac los artículos no se deforman, puesto que este tratamiento estabiliza la madera en un 70%.
>
> El sistema Vac Vac consiste en introducir con una jeringuilla un líquido en los agujeros que la polilla ha ido haciendo en los muebles.
>
> El sistema antiguo consistía en introducir los muebles en un vagón de 8 metros de largo en el que se realiza un tratamiento de vaciado y se impregnan éstos con un líquido.
>
> Este método se llamaba "vacsolizar".
>
> El proceso tiene una duración de 10 minutos y, una vez que el mueble ha recibido el tratamiento necesario, tarda hora y media en secarse.

 Clave

Muerte a las polillas

Hol Altz introduce en España un innovador sistema británico para tratar la madera

AURORA INTXAUSTI

Muebles, sillas, instrumentos de música y maderas para edificios de nueva construcción están siendo sometidos en una pequeña empresa guipuzcoana a un tratamiento con el que se consiguen eliminar los silófagos que destruyen ese materia. En las zonas húmedas la destrucción de muebles de madera debido a las polillas alcanza niveles más elevados que en las zonas secas y por ello, según explica la propietaria de Hol Altz, Josefina Gabirondo, en las nuevas obras que se construyen se está colocando madera después de recibir el tratamiento de Vac Vac.

El efecto que consigue este método es, además de eliminar los bichos, estabilizar la madera en un 70% para que una vez colocadas las vigas, tarimas, rastreles no se muevan.

El viejo sistema de introducir con una jeringuilla un líquido en los agujeros que la polilla ha ido realizando en los muebles ha encontrado un sustituto eficaz. El método Vac Vac consiste en introducir los muebles en un vagón de ocho metros de largo en el que se realiza un tratamiento de vaciado y se impregnan éstos con un líquido.

El proceso, dependiendo del tipo de madera que se pretenda *vacsolizar* tiene una duración de hora y media y una vez que el mueble ha recibido el tratamiento necesario tarda 10 minutos en secarse.

La propietaria de la empresa Hol Atz, Josefina Gabirondo, de Villabona (Guipúzcoa) importó el sistema Vac Vac de Gran Bretaña, donde se lleva aplicando desde hace tiempo, en 1989. "Los resultados desde que en la empresa lo venimos utilizando están siendo fantásticos. La polilla no vuelve a salir y la garantía es absoluta", indica.

En la planta donde se aplica el tratamiento se encuentran apilados, a la espera de recibir la dosis necesaria para que los silófagos abandonen la madera, todo tipo de muebles; arcones, sillas, aparadores y pianos. Además de sanear los viejos muebles, indica, el objetivo es tratar las nuevas maderas para que las polillas no hagan estragos en ellas "cada vez es más frecuente que antes de colocar madera en las nuevas construcciones se aplique este tratamiento porque también sirve de base de protección e impide que la madera de carpintería puede ser atacada por los hongos y las larvas de los insectos".

Añade que los muebles que se introducen en el vagón no sufren ningún desperfecto "por aquí han pasado retablos, instrumentos de música y piezas delicadas", asegura.

El coste económico oscila entre las 200 y 250 pesetas por metro cuadrado si la madera que se va tratar es para trabajos de carpintería mientras que el tratamiento de un mueble viene a costar en torno a las 6.500 pe-

JESÚS URIARTE

! ERRORES DE IMPRENTA

En los párrafos 1 y 6 hay unos errores de imprenta:

- • debería ser "xilófago" en vez de "silógafo" (Párrafo 1, línea 7)
- • esa materia o ese material (Párrafo 1, línea 8)
- • … impide que la madera de carpintería pueda ser atacada (Subj.) (Párrafo 6, línea 6)

B Definiciones

(i)   Utiliza un diccionario monolingüe para encontrar lo que significa "xilófago".

(ii)   ¿Qué miembros de esta familia de insectos pretende destruir el sistema Vac Vac?

  Clave

o

  si no estás seguro/a.

C Entender el vocabulario

Los siguientes artículos hechos de madera se mencionan en el texto:

vigas	**tarimas**	**rastreles**	**arcones**
sillas	**aparadores**	**pianos**	**retablos**
instrumentos de música			

Sin consultar todavía tu diccionario intenta colocar cada uno bajo el encabezamiento adecuado:

MUEBLES y PIEZAS DELICADAS	MADERA DE CARPINTERÍA

Utiliza el contexto en el que aparece cada palabra para ayudarte a decidir.

Cuando hayas acabado comprueba el significado de las palabras que no sepas y corrige tus listas si es necesario.

☑ *Clave*

D Entender el contenido

Lee las oraciones de abajo y busca en el texto del periódico las oraciones equivalentes.

1   La polilla se elimina totalmente.

2   Este tratamiento se utiliza cada vez más para proteger las maderas utilizadas en las nuevas construcciones.

3   Cuando se introducen en el vagón de tratamiento los muebles no sufren daños.

4   Se cobra entre 200 y 250 ptas. por metro cuadrado por tratar maderas para edificios de nueva construcción.

 Clave

Práctica 16 Redacción

Redactar un artículo o folleto

(i)   Resume la información del artículo en unas 150 palabras. Escribe tu resumen en español. Incluye la información siguiente:

el proceso antiguo	el tiempo que se requiere
el nuevo proceso	el coste
las ventajas	garantías

(ii)   Te han pedido que colabores en la producción de un folleto explicativo del sistema Vac Vac para promocionar este nuevo sistema. Lo tienes que escribir en español.

Los puntos clave que se deben incluir son los siguientes:

garantía de los resultados	diversidad de aplicación
duración del proceso	coste

↑   Redáctalo de la forma más atractiva y original posible.

Práctica 17 Expresión oral

Dar una charla

Estás realizando tus prácticas empresariales en una compañía química que se especializa en la producción de látex.

De vez en cuando grupos escolares visitan la planta. Tu jefe te ha pedido que des una charla a un grupo de alumnos de 14 años que están estudiando Química en el colegio.

Utilizando el material en esta unidad como base, prepara tu charla de acuerdo con las pautas que te ha dado tu jefe. (Ver los cinco apartados que siguen.)

Piensa también en las técnicas que se pueden emplear para hacer una presentación clara e interesante del tema (uso del retroproyector, diapositivas o fotos, folletos, etc.).

1   Procedencia y usos del látex:

  –   látex natural (de origen vegetal)

  –   látex sintético (producido en plantas químicas como ésta)

2   Productos en los que se utiliza el látex como materia prima

3   ¿Qué es el látex?

4   ¿Cómo se produce el látex? (etapas en la producción)

5   ¿Cómo está organizada la empresa química?

Ahora tienes la terminología que te permitirá hablar sobre la estructura del trabajo y los procesos técnicos en una fábrica española.

Unidad 7

PRÁCTICAS EMPRESARIALES
Trabajo y experiencia laboral

Work placements are a relatively new phenomenon in Spain, so you will not encounter large numbers of Spanish students who have undertaken periods of practical training. In this unit two who have done so assess what they have gained from work placements, and their role for students in higher education.

> This unit will give you practice in:
>
> (i)   understanding, expressing and justifying opinions and personal views
>
> (ii)   obtaining and giving practical information to meet your requirements
>
> (iii)   strategies for establishing positive contact with employers

Información

Vas a realizar prácticas empresariales en España. Te interesa saber un poco más: no sólo cómo se hacen en España, sino también las opiniones de estudiantes españoles sobre su importancia y pertinencia.

A continuación oirás una conversación entre la entrevistadora, Lucy, que vive en el extranjero, y dos estudiantes – Ignacio y Víctor – que son españoles que han cursado estudios universitarios en Gran Bretaña y en su propio país.

Hablan sobre las prácticas empresariales que han realizado, la relación entre las prácticas empresariales y las carreras universitarias en España, y por último nos manifiestan su experiencia personal de las prácticas.

Práctica 1 Orientación

A Decidir lo que necesitas saber

☺ Vas a hacer prácticas empresariales en España. Tienes la ocasión de hablar con dos españoles que ya han realizado sus prácticas empresariales en España.

Haz una lista de los temas relacionados con ellas que te parecen más importantes e interesantes, y de los que te gustaría saber más.

☺ *Compara tu lista con la de un/a compañero/a*

 o

consulta a tu profesor/a

B Reconocer los temas

 toda la conversación

Estudia la lista de temas que sigue y numéralos en el orden en el que salen en la conversación.

- las prácticas empresariales en España

- cambios en la perspectiva del estudiante que realiza las prácticas empresariales

- consideraciones que hay que tener en cuenta a la hora de buscar unas prácticas empresariales

- relación entre las prácticas y las carreras universitarias en España

- posibilidad de cometer errores

- ver la relación entre la teoría y la práctica

- enfrentarse con la realidad

☑ *Clave*

 Ahora compara tu lista de temas (A) con la de la conversación (B).
¿Notas alguna diferencia?

Práctica 2 Comprensión

Comprender el contenido

 Sección A

En su respuesta a la primera pregunta, Víctor hace una comparación implícita entre España y otros países.
Identifica las observaciones que se adecuan a lo que dice Víctor.

1   En España desde hace mucho tiempo se realizan prácticas empresariales.

2   En España las prácticas empresariales son un fenómeno reciente.

3   En España las prácticas empresariales se harán menos en el futuro que ahora.

4   En España las prácticas empresariales se harán más en el futuro que ahora.

5   En España se ha prolongado la duración de los estudios universitarios para que los alumnos puedan realizar unas prácticas.

6   En España se ha reducido la duración de los estudios universitarios para que los alumnos puedan realizar unas prácticas.

7   Si estudias farmacia, pasas cinco años estudiando teoría.

8   Si estudias farmacia, pasas cuatro años estudiando teoría, y un año realizando prácticas.

9   Si estudias farmacia, pasas cuatro años realizando prácticas, y un año estudiando teoría.

☑ *Clave*

Práctica 3   Uso del lenguaje

A Hechos y opiniones

Sección A

En su respuesta a la primera pregunta, Víctor nos menciona varios hechos intercalados con opiniones y observaciones personales.

Relaciona las expresiones que hay en las Columnas A y B de acuerdo con lo que dice Víctor e indica si se trata de un hecho (H) o de una opinión (O).

A		**B**
1 encontramos que	(a)	las universidades españolas que suelen tener... solían tener cinco años de carrera
2 yo considero que	(b)	va a ser algo fundamental
3 de hecho	(c)	la han reducido a cuatro
4 parece que	(d)	es muy importante

☑ *Clave*

B Hechos

Víctor explica que en España los estudiantes "... solían tener cinco años de carrera... "
Y ahora, ¿cuántos años de carrera tienen: 4, 6, o 3?

☑ *Clave*

C Opiniones

A base de lo que dice Víctor en su respuesta, ¿cómo evalúas tú su opinión de las prácticas empresariales?

Identifica la frase (a, b o c) que corresponde a su opinión.

(a)   Víctor está a favor de las prácticas empresariales.

(b)   Víctor está en contra de las prácticas empresariales.

(c)   Víctor no tiene opinión sobre las prácticas empresariales.

☑ *Clave*

Práctica 4 Comprensión

Entender la terminología

 Siguen las definiciones de la palabra *"carrera"* que aparecen en el diccionario monolingüe *Diccionario de uso del español*, de María Moliner.

Identifica la que – en tu opinión – corresponde al uso que se hace de esta palabra en
la conversación.

---

carrera

1   *corrida*: acción de ir de un sitio a otro corriendo

2   (por extensión) *acción de darse mucha prisa* en cualquier trabajo u operación

3   (danza) *carrerilla*

4   *camino*: serie de sitios por donde pasa algo

5   *competición en velocidad* entre personas, caballos, perros, liebres, vehículos, etc.

6   *conjunto de estudios*, repartidos en cursos, que capacitan para ejecer una
     profesión

7   *punto*: línea de puntos sueltos en una media u otra prenda

8   (construcción) *madera o viga* horizontal que sostiene otras o enlaza elementos
     de la armadura

☑   *Clave*

Práctica 5 Comprensión

La jornada laboral

Sección A (sobre todo la segunda pregunta y su respuesta)

Apunta la hora mencionada por Ignacio que corresponde a cada actividad de la lista.

empezar el trabajo

tomar un café

comer

terminar el trabajo

☑   *Clave*

Práctica 6 Comprensión

Entender el vocabulario

Sección B

Identifica el sinónimo de las expresiones en cursiva.

(a) ... los estudios en España *precisan de* una parte más práctica...

1   necesitan

2   prescinden de

3   gozan de

4   disponen de

(b) ... la teoría que *te han dado*...

1   te has leído

2   te has aprendido

3   te han enseñado

4   has aprobado

(c) ... *darte cuenta de* lo que es realmente importante...

1   realizar

2   tener en cuenta

3   comprender

4   identificar

(d) ... las distintas *asignaturas*...

1   materias

2   carreras

3   prácticas empresariales

4   clases

(e) ... *te metes en* una empresa...

1   te acercas a

2   te pones en contacto con

3   empiezas a trabajar en

4   ingresas en

(f) ... tienes una idea más *acertada*...

1   errónea

2   remota

3   adecuada

4   correcta

(g) ... *coges otro mundillo*...

1   empiezas otra carrera

2   buscas un empleo

3   entras en otro ambiente

4   eliges otra profesión

 Clave

Práctica 7 Comprensión

Entender las opiniones

 Sección B

Compara las frases que siguen con lo que dicen Víctor e Ignacio. Identifícalas con la letra correspondiente (V = verdadera o F = falsa).

(a)   Las prácticas empresariales amplían los conocimientos teóricos.

(b)   Te olvidas de la teoría si no la utilizas.

(c)   Gracias a las prácticas, te enteras de aspectos de la teoría que son muy importantes.

(d)   Lo que has estudiado no te sirve para nada en las prácticas.

(e)   Si te salen mal las cosas en tus prácticas, no importa, porque incluso esto te ayuda a decidir qué es lo que quieres hacer después de terminar tus estudios.

 Clave

Práctica 8 Comprensión

A Entender la secuencia de las ideas

 Sección B

(i)   Ordena los fragmentos de las frases en el orden en el que se oyen en la conversación.

te das cuenta de que todo lo que has estudiado

es el momento adecuado para cometer los errores, ¿no?

no lo estás aplicando

sales de la carrera con muchos conocimientos teóricos

estamos en dos empresas diferentes en dos países diferentes

pones en práctica toda la teoría que te han dado

coges otra empresa, otro mundillo

tenemos la oportunidad de cometer el error

(ii) Busca expresiones adecuadas para unir los fragmentos.

☑ *Clave*
o
↑ *si no estás seguro/a.*

B Explicar ideas

Completa las frases que siguen de acuerdo con las observaciones que hacen Ignacio y Víctor en la conversación sobre las ventajas profesionales de las prácticas empresariales.

(a)   En las prácticas empresariales pones en práctica...

(b)   Si no realizas prácticas empresariales, terminarás la carrera...

(c)   te das cuenta de lo que es realmente importante...

☑ *Clave*

Práctica 9 Uso del lenguaje

A Entender los modismos

 Sección B

Apunta la expresión que utiliza Ignacio para terminar la frase que empieza con estas palabras:

"Yo lo llamo como... "

☑ *Clave*

B Explicar los modismos

☺
☺ *o con tu profesor/a*

Presta atención al contexto en el que Ignacio utiliza esta expresión para enterarte de su significación.

↑ Apunta tus ideas (en español).
Enseña tus apuntes a tu profesor / a.

Práctica 10 Comprensión / Expresión escrita

A Entender las ideas clave

Sección C

En sus respuestas a las preguntas Ignacio utiliza varias expresiones clave para subrayar los *beneficios personales* que un/a estudiante puede sacar de sus prácticas empresariales.

(i)   Apunta las dos expresiones que utiliza.
      (Son las que repite en varias ocasiones.)

(ii) Intenta apuntar los ejemplos que se dan.
      (Hemos apuntado las palabras clave para ayudarte.)

      _____ responder

      _____ en un _____ de trabajo

      punto de _____

B Resumen de las ideas clave

Sección C y grabación suplementaria (al final de la conversación)

Escucha los tres comentarios grabados en la cinta. Han sido redactados por estudiantes que han realizado prácticas empresariales en España.
   Termina los comentarios resumiendo la idea clave de cada uno a modo de conclusión. (Algunas de las respuestas que diste en A más arriba te ayudarán también a hacer esta práctica.)

María X

Es decir, ves _____ .

Pedro Y

Así que, cuando estás haciendo prácticas _____ .

Ana Z

Total, tienes que saber _____ porque después _____ .

Práctica 11   Comprensión   ✓

Hacer comparaciones

 Sección C

Compara los comentarios que hace Ignacio con las frases que siguen.
Indica si éstas últimas son verdaderas (V) o falsas (F).

1   Practicarás el español y lo hablarás mejor.

2   Es mejor que te guste todo lo que hagas en las prácticas; si no, perderás el tiempo.

3   Hay que buscar una práctica que te vaya bien.

4   Hay que buscar una práctica donde puedas poner en práctica las asignaturas que has estudiado.

5   Es importante buscar algo que te apetezca hacer.

6   En la empresa hay que seguir estudiando las asignaturas que cursas en la facultad.

7   Tienes que darte cuenta de que todos los trabajos no son perfectos y que no te va a gustar todo lo que hagas.

8   Lo que se aprende en las prácticas no tiene nada que ver con las asignaturas que se estudian en la facultad.

9   A lo mejor sólo te gusta el cincuenta por ciento de lo que hagas en las prácticas, pero la vida es así.

10   El idioma no es muy importante.

☑ *Clave*

Práctica 12   Redacción   ✓

Redactar un currículum vitae

 (i)   Busca un ejemplo de un currículum vitae en español (por ejemplo, en el *Collins Spanish Dictionary* o el *Oxford Spanish Dictionary*).

¿Qué diferencias observas entre la presentación de datos personales en el currículum vitae en español y el que redactarías en tu propio idioma?

Apunta tus observaciones.

 Enséñaselas a un/a compañero/a

o

 a tu profesor/a

 (ii)   Redacta tu propio currículum vitae en español, utilizando el modelo del diccionario como pauta.

Información

Estudia este análisis del trabajo del *ingeniero químico* en la Unidad 6 (*Lo nuestro es fabricar*).

Puedes utilizarlo como modelo para hacer la práctica que sigue.

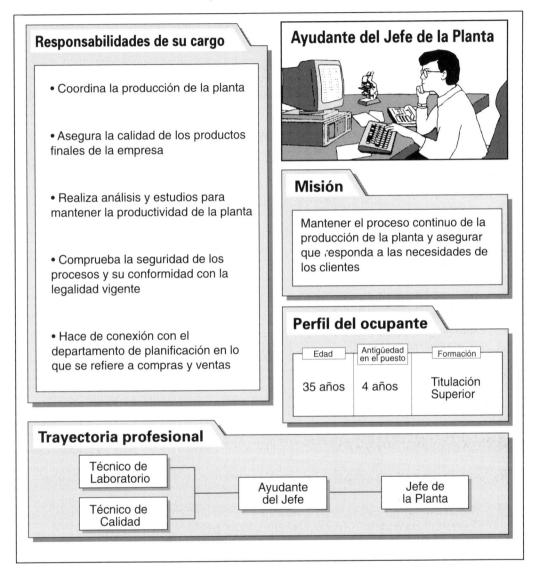

Práctica 13 Lectura / Expresión escrita

A Hacer un análisis de un puesto de trabajo

Acabas de ver el siguiente anuncio y te interesa solicitar un puesto.

CÁMARA DE COMERCIO

La Cámara de Comercio de _____ ofrece plazas para realizar prácticas empresariales de corta duración a los estudiantes de otros países de la Unión Europea que deseen pasar entre 10 y 12 semanas en una compañía manufacturera española.

Los que ocupen dichas plazas tendrán las siguientes responsabilidades:

A

- prestar ayuda en el desarrollo e implantación de una estrategia para el mercado de exportación, haciendo una prospección de mercado en otros países europeos

- preparación de los contactos iniciales, traduciendo la información relevante referente a la compañía y – cuando fuera apropiado – establecer contacto inicial por teléfono o por fax

- llevar a cabo tareas rutinarias de administración en departamentos específicos de la compañía

- cumplimentar documentación relacionada con la exportación de mercancías

- otras responsabilidades que les sean asignadas, siempre que sean apropiadas

o

B

- ayudar a establecer una base de datos para el desarrollo de un nuevo sistema de control de existencias

- obtener información sobre los productos en existencia de los departamentos oportunos con el fin de incorporarla a la base de datos

- preparar informes para el responsable de informática de la compañía sobre el progreso del sistema

- llevar a cabo tareas rutinarias de administración en departamentos específicos de la compañía

- otras responsabilidades que les sean asignadas, siempre que sean apropiadas

Los solicitantes de las plazas deben conocer bien el español hablado y escrito y preferentemente hablar bien y con soltura otra de las principales lenguas europeas además de la lengua materna.

También deberán conocer sistemas básicos de ordenador aunque se les ofrecerá instrucción en el uso de los programas que se empleen en la compañía.

Los interesados deberán solicitar el puesto por escrito, indicando la clase de prácticas (A o B) en la que estén interesados, y adjuntar un currículum vitae y una fotografía reciente (tamaño pasaporte).

Selecciona el tipo de prácticas que se adapte mejor a tus necesidades y/o aspiraciones.

Analiza el puesto de trabajo de la misma forma en que nosotros te hemos analizado el del ingeniero químico.

Utiliza el modelo que tienes a continuación.

Nota

Esto te ayudará a ajustar tu currículum vitae a los requisitos de la compañía.

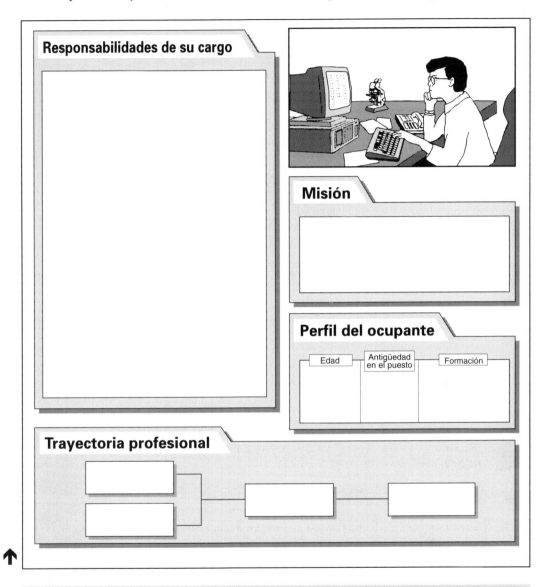

B Redactar una solicitud de empleo

(i)   Quieres realizar unas prácticas empresariales en España.

Redacta un párrafo explicando las razones por las que te sientes capacitado/a para uno de estos puestos.

Enseña tu explicación a tu profesor/a.

(ii) Utilizando tu currículum vitae (Práctica 12), las ofertas de empleo y el párrafo que acabas de escribir como punto de partida, redacta una carta de solicitud de empleo.

Un consejo

Encontrarás modelos en los diccionarios *Collins Spanish Dictionary* y *Oxford Spanish Dictionary*.

 Enseña la carta a tu profesor/a.

Ya casi has terminado la unidad sobre *las prácticas empresariales en España*.

Antes de hacer la práctica final, vuelve a leer la *información* y los *objetivos* al comienzo de la unidad.

La última práctica te ayudará a *comprobar* si has alcanzado estos objetivos.

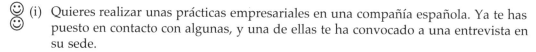

Práctica 14 Expresión oral ✓

Simulación: entrevista

(i) Quieres realizar unas prácticas empresariales en una compañía española. Ya te has puesto en contacto con algunas, y una de ellas te ha convocado a una entrevista en su sede.

Con otro/a estudiante haz una lista de las preguntas que el director de la compañía haría a un estudiante que deseara realizar sus prácticas empresariales en ella. Compara tus ideas con la lista que sigue.

POSIBLES PREGUNTAS EN UNA ENTREVISTA

1   TRABAJO

(a)   *Preguntas generales*

1   ¿Por qué decidió solicitar este puesto?

2   En su opinión, ¿qué cualidades tiene Vd. que le/la capacitan para este puesto?

3   ¿Cómo ve su futuro? ¿Qué planes tiene a corto/largo plazo?

4   ¿Prefiere trabajar solo, o en equipo?

5   ¿Le gusta tener responsabilidades?

6   ¿Sabe Vd. hacer frente a las presiones de la vida laboral, y respetar las fechas tope?

7   ¿Le importa realizar tareas repetitivas?

8   ¿Cuáles son los sectores que más le atraen (por ejemplo, el de marketing, el sector financiero)? ¿Por qué?

(b)   Preguntas concretas
(si ya tienes experiencia de prácticas empresariales en tu país)

1   ¿Qué beneficios le dio este trabajo?

2   ¿Qué aportó Vd. a la compañía?

3   ¿Cuáles eran las tareas que más/menos le gustaban?

4   ¿Reconoció la compañía su contribución?

2   ESTUDIOS

1   Hábleme de los estudios que ha cursado hasta la fecha.

2   ¿Por qué eligió Vd. su carrera?

3   ¿Qué asignaturas le gustaban más? ¿Por qué?

4   ¿Cuáles eran las asignaturas que menos le gustaban? ¿Por qué?

5   Si tuviera la oportunidad de volver a empezar sus estudios universitarios, ¿elegiría la misma carrera?

6   ¿Habla Vd. otros idiomas, además del español? ¿Qué nivel tiene?

3   INTERESES y AFICIONES

1   ¿Cómo pasa su tiempo libre?

2   ¿Por qué le gusta... (aficiones / pasatiempos mencionados en el C.V.)?

3   ¿Es Vd. socio de algún club o asociación?

4   PERSONALIDAD

1   ¿Qué clase de persona es Vd.? ¿Cómo se describiría?

2   ¿Qué cualidades posee?

3   ¿Cuál es su dote más importante?

4   ¿Cuáles son sus debilidades?

5   ¿Cómo se lleva con personas que no tienen el mismo nivel cultural / intelectual?

6   ¿Termina Vd. todo lo que empieza?

7   Deme un ejemplo de su capacidad de tomar la iniciativa.

8   ¿Cuáles son los logros personales de los que se siente más orgulloso?

(ii) Mira de nuevo tu lista de preguntas y piensa en las contestaciones que darías tú.

En tus respuestas querrás explicarle al empresario los beneficios que unas prácti-cas empresariales en España supondrán para ti.

Utiliza lo que has aprendido en esta unidad para prepararte bien para la entre-vista.

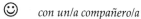 *con un/a compañero/a*

o

si no estás seguro/a.

(iii) Realiza la entrevista con otro/a estudiante o con tu profesor/a.

Si la haces con otro/a estudiante, graba la conversación: así te resultará más fácil consultar después a tu profesor/a.

Ahora tienes una idea del mundo del trabajo en España; podrás asimismo elaborar una solicitud para realizar prácticas en una empresa española y presentar la documentación personal y profesional requerida.

Unidad 8 (Evaluación)

LA BUROCRACIA
El ciudadano ante la administración

This unit looks at the "phenomenon" described in the text below, and how it helps individuals and businesses in Spain.

En Madrid era – y sin duda todavía es – teóricamente necesario obtener permiso oficial para empapelar una habitación. Pero para conseguir este permiso u otro análogo había que perder medio día de trabajo. Primero, estaba la fila para obtener la solicitud; después, la fila para entregarla, y entonces se descubría que la solicitud no era válida si no iba acompañada de dos documentos más, que podían conseguirse únicamente en otros departamentos, casi siempre establecidos en un lugar distinto de la ciudad. Una vez que se obtenían estos papeles, de nuevo se formaba fila para conseguir el permiso; ése era el momento de descubrir que éste carecía de validez si no estaba sellado por el jefe del departamento, quien ya había regresado a su hogar. El procedimiento completo era infinitamente más difícil a causa de las horas en que se abrían las ventanillas detrás de las cuales se atrincheraban los burócratas españoles para enfrentar al público. Sucedía que no sólo las horas de iniciación del trabajo variaban de un departamento a otro, sino que siempre eran muy breves; algunas áreas de la administración estaban abiertas al público sólo entre las once y la una todos los días. Un asunto de verdadera importancia podía consumir semanas, meses o incluso años. La ineficacia de la burocracia ha originado un fenómeno que, por lo que sé, es peculiar de Iberia y América latina…

John Hooper, *Los españoles de hoy*, Javier Vergara Editor S.A., 1987, p. 100

However, the purpose of this unit is to give you an opportunity to assess *for yourself (and with your tutor) the* listening, speaking, reading *and* writing skills *that you have developed. So this unit contains fewer* **prácticas***, but all of them are designed to assess a particular skill. (By contrast to earlier units this one has no "preparatory"* **prácticas***.)*

By the end of this unit you will have assessed your skills in speaking, listening, reading and writing Spanish in work-related tasks.

This unit will also give you practice in:

(i)   understanding explanations about unfamil-
        iar administrative procedures,

(ii)   explaining official or bureaucratic proce-
        dures to members of the general public
        using everyday language

Información

El tema de la entrevista es la función de la gestoría en España. Oirás una conversación entre Concha (la entrevistadora) y Pepe Carlos, gestor administrativo.

Práctica 1 Comprensión

Identificar los temas de la conversación

Lee estas preguntas. Te ayudarán a enfocar la conversación.

¿Adónde irías tú en tu propio país para:

- sacar un permiso de conducción?

- matricular un coche?

- sacar un pasaporte?

¿Podrías ir a la misma oficina para hacer todas estas cosas?

 Sección A

Haz una lista de las cinco preguntas principales.
    No hace falta apuntar las mismas palabras que se utilizan en la conversación, pero tus preguntas tienen que ser claras.

> **Esta práctica te ayudará a evaluar tu capacidad de identificar información e ideas expresadas oralmente.**

☑ *Hay una lista de las preguntas en la Práctica 2.*

! *Las palabras utilizadas en tu lista serán probablemente distintas, pero las respuestas pueden ser acertadas.*

Práctica 2 Comprensión

A Entender información específica

 Sección A

Lee la lista de preguntas que sigue y a continuación vuelve a escuchar la primera parte de la conversación. Apunta las palabras exactas que utiliza el gestor, parando la cinta cuando haga falta.

1   ¿Qué es una gestoría?

2   ¿Qué hace un gestor?

3   Para llegar a ser gestor hay que estar en posesión de una licenciatura. ¿Cuáles son los tres ejemplos de licenciaturas citadas por el gestor?

4   ¿Cuál es el próximo paso que tiene que dar el/la aspirante al título de gestor administrativo?

5   ¿Cuáles son los cinco pasos que tiene que dar el gestor para matricular un coche en la Jefatura Provincial de Tráfico?

☑   *B te ayudará a comprobar si lo has entendido.*

B Utilizar definiciones

Estudia esta lista de definiciones de la terminología técnica que aparece en esta parte de la conversación. Te ayudarán a entender las respuestas del apartado **A** de esta práctica.

La gestión es la actividad de una persona que está encargada de un asunto o negocio y que se realiza para la consecución o tramitación de ese asunto o negocio.

El gestor es una persona que se encarga de hacer los trámites necesarios para la consecución de un asunto.

Una gestoría es una oficina no estatal abierta al público para asesorar o tramitar asuntos ante la administración.

Un licenciado es una persona que ha hecho una carrera universitaria y ha recibido la titulación académica correspondiente.

El título académico es un documento que acredita que una persona ha realizado estudios universitarios.

Tramitar significa poner en orden, comprobar y remitir toda la documentación que exige la administración.

Asesorar significa dar consejos técnicos a alguien.

Confeccionar significa rellenar los impresos necesarios, e implica (en este caso) preparar documentación que requiere tener buen entendimiento de ella.

Una persona jurídica es un término que significa una entidad legal, por ejemplo una compañía.

Una persona física es un término legal que significa "persona particular".

☑   *Clave*

Esta práctica te ayudará a evaluar tu capacidad de entender datos concretos.

Práctica 3 Expresión oral

Interpretación

Estás pasando un año en Málaga. Un amigo tuyo acaba de comprar un piso en Torremolinos, que está muy cerca de Málaga, en la Costa del Sol. Dado que este amigo – Bill Smith – no habla español, necesita tu ayuda para solucionar los problemas administrativos que surgen de vez en cuando.

Bill ha comprado un coche nuevo, que tiene que matricular. Tú ya le has aconsejado que vaya a la gestoría, y te has ofrecido a acompañarle para actuar de intérprete.

 Grabación suplementaria (al final de la conversación)

En la conversación hay una pausa después de cada fragmento.
Traduce al inglés lo que dice la gestora, y al castellano lo que dice Bill.

Graba tus traducciones en los espacios correspondientes en la cinta.

☑ *Clave   Compara tu traducción con el modelo.*
↑ *Para más amplia información, consulta a tu profesor/a*

Esta práctica te ayudará a evaluar tu capacidad de intervenir en conversaciones relacionadas con tu profesión.

Práctica 4 Expresión oral ✓

Presentar información

Sigue una lista de asuntos burocráticos o administrativos. Un español que reside en tu país necesita información sobre los pasos que hay que dar para tramitar estos asuntos. Si hace falta, entérate de los trámites, y explícale en castellano lo que tiene que hacer.

Graba tus explicaciones.

1   Matricular un coche

2   Asegurar una casa

3   Sacar un carnet de conducir

4   Conseguir la cartilla para el médico

↑ *Evalúa tus explicaciones con tu profesor/a.*

Esta práctica te ayudará a evaluar tu capacidad de presentar oralmente información relacionada con tu profesión.

Práctica 5 Lectura

Obtener información

Al comienzo de tus prácticas empresariales en España decides comprar un coche barato de segunda mano.

Compras un Renault 7. Se lo compras a Dolores Fernández domiciliada en Valencia en la C/ San Juan nº 12, 3ºB, escalera izqda. Su número de teléfono es el 377 93 85.

Es un vehículo de gasolina, con 15 años de rodaje, aunque parece encontrarse en buen estado. Después de varias negociaciones con la propietaria acordáis el precio: 100.000 ptas.

Tienes que hacer la tramitación de la compra del vehículo.

Lee la explicación que sigue y haz una lista de:

1   los documentos que necesitas presentar en Hacienda

2   las gestiones que tienes que realizar en Hacienda

3   los impresos que tienes que rellenar para Hacienda

4   las gestiones que tienes que hacer en Tráfico

5   los impresos que necesitas para Tráfico

Los documentos necesarios para hacer la transferencia de un vehículo de segunda mano son los siguientes: original y fotocopia del permiso de circulación (que no es el carnet de conducir), fotocopia de la ficha técnica o tarjeta de inspección de vehículos, también conocida como ITV, y que esté en vigor; ya sabes, los vehículos "de una cierta edad" tienen que pasar un "examen de buena salud" en la Jefatura Provincial de Tráfico. Bueno, esto en cuanto a documentación del vehículo.

Todo esto debe presentarse en la Delegación de Hacienda de la provincia correspondiente junto con un impreso debidamente cumplimentado, un impreso para el pago de los impuestos de transmisión o tasas de transferencia. También harán falta una fotocopia del documento nacional de identidad o DNI del comprador y otra del vendedor.

Una vez solucionado el impuesto de transferencia hay que gestionar la transferencia del vehículo y hacer la solicitud de transferencia del impuesto de circulación, que es un impuesto municipal. Estas dos gestiones se hacen en la Jefatura Provincial de Tráfico y para ambas existen impresos. Este impuesto municipal sobre la circulación de vehículos de tracción mecánica (también conocido como el IVTM) es muy importante que esté en vigor. Otro detalle necesario es que la firma del vendedor sea reconocida en la documentación que se presenta en primer lugar en Hacienda. Esta firma se reconoce en el permiso de circulación.

 Clave

Esta práctica te ayudará a evaluar tu capacidad de identificar información e ideas extrayéndolas de una explicación por escrito.

Práctica 6 Lectura

Entender instrucciones

Ya has comprado tu coche; te queda hacer los trámites legales para que toda la documentación quede a tu nombre.

Para ello tienes que rellenar varios impresos, como ya sabes. El primero es para pagar las *tasas de transferencia*.

(i) Aquí en las páginas siguientes tienes el *modelo 620* y las *instrucciones oficiales* como referencia para rellenarlo. Utiliza las *instrucciones* para ayudarte a rellenar el *impreso*.

Un consejo

> *Si te resulta difícil, pasa a la segunda opción ((ii) abajo).*
> *Si no te resulta demasiado difícil, no te hace falta esta opción.*

(ii) Antes de rellenar el impreso contesta las siguientes preguntas y cuando hayas comprobado que la respuesta es la correcta pasa a rellenar el impreso.

1   ¿Quién es el sujeto pasivo?

2   ¿Cuál es la fecha de la transmisión (o devengo)?

3   ¿Quién es el transmitente?

4   ¿Quién es el presentador?

5   ¿Qué documentos necesitas para poder rellenar los datos correspondientes a las características técnicas del vehículo?

6   Dado que tú has comprado un coche ¿necesitas leer los puntos 6 y 7 de las instrucciones?

7   Para calcular la liquidación (la cantidad que tendrás que pagar en tasas o impuestos):

a) ¿qué cantidad pondrás como base imponible?

b) ¿qué cifra escribirás como tipo de gravamen?

c) ¿cuál será la cantidad a pagar o cuota tributaria?

Una vez que has rellenado el impreso:

8   ¿qué debes hacer?

9   ¿De cuántos días dispones para pagar?

10   ¿Dónde debes pagar las tasas?

11   En la misma Delegación de Hacienda una vez ingresado o presentado el impreso, tendrás que ir al mostrador "Oficina Gestora" con la declaración de auto-liquidación y ¿qué otros dos documentos?

 Clave

! *La unidad continúa después de la reproducción del modelo 620.*

JUNTA DE ANDALUCIA

DELEGACION DE HACIENDA DE

DECLARACION · LIQUIDACION

COMPRA-VENTA DE DETERMINADOS MEDIOS DE TRANSPORTE USADOS ENTRE PARTICULARES

Impuesto sobre Transmisiones Patrimoniales y Actos Jurídicos Documentados

Modelo

620

620600091456 5

DEVENGO (2)

DIA MES EJERCICIO

PERIODO .... 0 A

CARTA DE PAGO

SUJETO PASIVO (1)

Espacio reservado para la etiqueta identificativa

N.I.F.   APELLIDOS Y NOMBRE O RAZON SOCIAL

NOMBRE DE LA VIA PUBLICA   NUMERO   ESC   PISO   PRTA   TELEFONO

MUNICIPIO   PROVINCIA   CODIGO POSTAL

TRANSMI-TENTE (3)

N.I.F.   APELLIDOS Y NOMBRE O RAZON SOCIAL   CODIGO POSTAL

S.G   NOMBRE DE LA VIA PUBLICA   NUMERO   ESC   PISO   PRTA   MUNICIPIO   COD. MUN   PROVINCIA

PRESENTA-DOR (4)

N.I.F.   APELLIDOS Y NOMBRE O RAZON SOCIAL   CODIGO POSTAL

S.G.   NOMBRE DE LA VIA PUBLICA   NUMERO   MUNICIPIO   PROVINCIA

CARACTERISTICAS TECNICAS

VEHICULOS (5)

TIPO   FABRICANTE O MARCA   MODELO

POTENCIA FISCAL (CVF)   MOTOR A GASOLINA .... MOTOR A DIESEL ....   CILINDRADA (C C)   Nº BASTIDOR

BARCOS (6)

FABRICANTE O IMPORTADOR   MODELO   ESLORA TOTAL (MT)   VELA (M²)   MOTOR (CV)

AERO-NAVE (7)

MARCA-CONSTRUCTOR   TIPO-MODELO   PESO MAX. DESPEGUE (KG)   Nº DE MOTORES / MARCA MOTOR   POTENCIA (CV)

AÑO DE FABRICACION   FECHA MATRICULACION   NUMERO DE MATRICULA

DECLARACION (8)

EXENTO ....   Fundamento legal de la exención o no sujeción ....
NO SUJETO ....

LIQUIDACION (9)

Base Imponible   1
Tipo de gravamen   2   %
Cuota Tributaria   3

FECHA

.... de .... de 199......

FIRMA

Firma del sujeto pasivo   Firma del presentador

INGRESO (10)

Entidad. Numero: Fecha. Importe: Código. Cuenta:

Este documento no será válido sin la certificación mecánica o, en su defecto, firma autorizada

Ministerio de Economía y Hacienda

Modelo	Instrucciones para cumplimentar el modelo	COMPRA-VENTA DE DETERMINADOS MEDIOS DE TRANSPORTE USADOS ENTRE PARTICULARES
620		Impuesto sobre Transmisiones Patrimoniales y Actos Jurídicos Documentados

Este documento deberá cumplimentarse a máquina o utilizando bolígrafo, sobre superficie dura y con letras mayúsculas. No deberá rellenar los espacios sombreados a utilizar por la Administración.

1 SUJETO PASIVO.
En este apartado se consignarán los datos relativos al comprador del medio de transporte usado.
Si dispone de etiquetas identificativas, adhiera una en el espacio reservado al efecto en cada uno de los ejemplares.
Si no dispone de etiquetas, cumplimente los datos de identificación. En este caso, deberá aportarse fotocopia de la tarjeta del Número de Identificación Fiscal (N.I.F.).

2 DEVENGO.
Se consignará la fecha de transmisión del medio de transporte usado. Dicha fecha será la del día en que se realice el acto o contrato gravado.
Día: deberá utilizar dos dígitos para el día.
Mes: deberá utilizar dos dígitos para el mes.
Ejercicio: deberá consignar las dos últimas cifras del año al que corresponde el periodo trimestral por el que efectúa la declaración.

Ejemplo
La transmisión de un vehículo usado efectuada el 7 de marzo de 1994 se anotaría:

DIA	MES	EJERCICIO
0 7	0 3	9 4

3 TRANSMITENTE.
En este apartado se consignarán los datos relativos al vendedor del medio de transporte usado.

4 PRESENTADOR.
Consigne los datos identificativos del presentador de la declaración-liquidación.

CARACTERISTICAS TECNICAS.

5 CARACTERISTICAS TECNICAS DEL VEHICULO.
Cumplimente los datos solicitados en este apartado cuando se trate de compra-venta de un vehículo usado.
La potencia fiscal se indicará con dos decimales.
En la clave de características del motor "Gasolina/Diesel" marque con una "X" la opción que corresponda.
(Estos datos están recogidos en el permiso de circulación y en la ficha técnica del vehículo).

6 CARACTERISTICAS TECNICAS DE LA EMBARCACION.
Cumplimente los datos solicitados en este apartado cuando se trate de compra-venta de una embarcación usada.
Marque con una "X" el tipo de embarcación que corresponda: vela o motor, y consigne el dato que en cada caso se solicita.
(Estos datos están recogidos en la hoja de características de la embarcación).

7 CARACTERISTICAS TECNICAS DE LA AERONAVE.
Cumplimente los datos solicitados en este apartado cuando se trate de compra-venta de una aeronave usada.
(Estos datos figuran en las hojas de características de la aeronave).

En cualquiera de estos tres casos, siempre se deberán cumplimentar los datos relativos a "Años de fabricación", "Fecha de matriculación" y "Número de matrícula".

8 DECLARACION
Marque con una "X" el recuadro "Exento" o "No sujeto" que, en su caso, proceda.
En caso de proceder algún tipo de exención o no sujeción, especifique la misma y la disposición legal que la ampara.

9 LIQUIDACION

(1) Se consignará el resultado de aplicar al precio medio de venta del medio de transporte el porcentaje de deducción en función de los años de utilización del mismo. Tanto el precio medio de venta como el porcentaje de deducción se encuentran recogidos en la Orden Ministerial que con periodicidad anual publica el Ministerio de Economía y Hacienda.
Alternativamente, se podrá hacer constar en esta clave, a opción del declarante, el valor que figure en el contrato. De consignarse este último, debe tenerse en cuenta que la Administración podrá girar una liquidación complementaria como consecuencia de la comprobación de valores.

(2) Consignar el tipo de gravamen vigente (en la actualidad es el 4%).

(3) Clave 1 x Clave 2.

Ministerio de Economía y Hacienda

> **Esta práctica te ayudará a evaluar tu capacidad de obtener datos concretos al leer un texto.**

¡Has sobrevivido! ¡Enhorabuena! Ahora sólo te queda la segunda parte de los trámites en Tráfico. Si todavía te resulta muy complicado, ¡acude a un gestor! que cobran poco y después de todo ¡para eso están!

Práctica 7 Comprensión

Entender la idea clave

 Sección B

Para la cinta cuando tengas información suficiente para contestar la pregunta siguiente:
¿Cuál es la actividad principal de la gestoría, según Pepe Carlos?

 Clave

> **Esta práctica te ayudará a evaluar tu capacidad de identificar información e ideas expresadas oralmente.**

Práctica 8 Comprensión

Entender explicaciones

 Sección B

Escucha esta parte de la conversación.
   Apunta los ocho trámites (1–8) que hay que seguir para abrir un negocio según el orden en el que salen en la explicación de Pepe Carlos.

☑ *Para comprobar tus respuestas mira la continuación de la práctica.*

A continuación tienes una lista de los trámites. (Se citan las palabras utilizadas por Pepe Carlos.)

Escucha de nuevo e indica en el margen de la izquierda (¿*Quién*?) la persona que se encarga del trámite.

En el margen de la derecha (¿*Dónde*?) indica el lugar donde se tramita.

APERTURA DE UN NEGOCIO

¿Quién?

1	información sobre la tramitación necesaria

_____

2	ubicación del negocio

_____

3	confección del proyecto técnico

_____

Dónde?

4	presentación del proyecto en distintos organismos

_____   _____

5	obtener la licencia municipal de apertura

_____   _____

6	obtener la licencia fiscal, dar el negocio de alta en el IVA y demás impuestos fiscales

_____   _____

7	dar el negocio de alta en los impuestos municipales

_____   _____

8	dar el negocio de alta en el régimen especial de los trabajadores autónomos

_____   _____

☑ *Clave*

Esta práctica te ayudará a evaluar tu capacidad de identificar datos concretos expresados oralmente.

Práctica 9 Expresión oral

Explicar la terminología

Habrás observado que en la conversación se oyen muchas expresiones de tipo oficial o burocrático.

(i) Verifica el significado de cada término con la ayuda de un diccionario monolingüe, y explica cada uno de ellos en un lenguaje que un profano pudiera entender sin dificultad.

1   dar de alta

2   ubicada / idóneo

3   confeccionado

(ii) Siguen varios fragmentos de la conversación. Escribe en español tu propia explicación de las expresiones <u>subrayadas</u> tal como se utilizan en cada frase. (Consulta un diccionario monolingüe.)

"Sí, el impuesto de <u>radicación</u> es un impuesto que se paga por… se <u>tributa</u> con arreglo a la superficie útil que tiene el local."

"… estás obligada a darte de alta al <u>régimen</u> especial de los trabajadores <u>autónomos</u>, que eso viene a ser, pues, mira, te cubre enfermedades, te cubre médicos, te cubre medicinas, sanatorios y una <u>invalidez</u>…"

"… le conseguimos la <u>cartilla</u> para el médico, le confeccionamos <u>las</u> <u>nóminas</u>…"

 Graba tus explicaciones.

> **Esta práctica te ayudará a evaluar tu capacidad de facilitar oralmente información relacionada con diversas tareas profesionales.**

Práctica 10 Redacción

Redactar un informe

Mira el dibujo, que forma parte de un anuncio elaborado por el Colegio Oficial de Gestores de Madrid con el fin de promocionar los servicios ofrecidos por los Gestores Administrativos.

"...Vehículos, Escrituras, Declaraciones tributarias,
Certificados, Registros... ¡Y todo antes de fin de año!"

Necesito la Ayuda de un Gestor Administrativo.

COLEGIO OFICIAL DE GESTORES
ADMINISTRATIVOS DE MADRID

El País, 21.11.92
(Colegio Oficial de Gestores Administrativos de Madrid)

Utiliza las respuestas que diste en la Práctica 8 para redactar un breve informe sobre las clases de ayuda que los gestores ofrecen a la empresa recién establecida.

No te olvides de incluir explicaciones de los términos que te parezcan de índole burocrática y que, por lo tanto, los que saben poco del tema entenderían con dificultad.

Esta práctica te ayudará a evaluar tu capacidad de redactar resúmenes descriptivos para responder a las exigencias variadas de tu profesión.

Ahora comprenderás y sabrás explicar trámites administrativos.

Unidad 1

Práctica 1

B

(3)   los transportes interurbanos

(1)   los transportes urbanos

(4)   recomendaciones generales que se dan a los estudiantes

(2)   las reducciones que se conceden a los estudiantes.

Práctica 2

	Distancia casa/centro universitario	Posibles medios de transporte	Medio de transporte utilizado
Víctor	cerca	(andar)	en coche
Ignacio	cerca	andando	en coche
		en autobús	
		en metro	

Práctica 3

A

1   Puedes irte al TIVE a sacarte lo de la tarjeta de estudiante internacional y te pueden hacer descuentos.

2   Tienes que ir a la oficina de transportes o a un estanco para sacarte un bonotransporte que sirve para ir en el metro o en el autobús.

B

(i)   Tienes que ir *a la oficina de transportes* o *a un estanco* con una foto.

(ii)   Puedes sacarte *un bonotransporte* que sirve para *ir en el metro* y *en el autobús*.

(iii)   Con eso puedes viajar *todo lo que tú quieras durante ese mes* todo el tiempo que quieras.

C   Tienes que tener menos de 28 años.

D   Transporte Internacional para Viajes de Estudiantes

Práctica 4

B

(i)	1	tienen derecho	4	a condición de que
	2	permite	5	es válida
	3	puede	6	El tiempo de validez

(ii)	1	puede	4	a condición de que
	2	permite	5	tendrán derecho
	3	es válido		

Práctica 6

A

Ventaja	TREN	AUTOCAR/AUTOBÚS
Llega a todos los sitios	Sí	Depende
Reducciones para los viajes efectuados fuera de las horas / fechas punta	Sí	No
Cómodo	Depende	Sí
Más barato	Sí	No
Más rápido	No	Sí
Vídeo	No	Sí
Se para cada equis tiempo	Depende	Sí

Práctica 7

(i)   c   (ii)   d   (iii)   c

Práctica 8

Los días azules son, (1) *durante* ciertos meses, en (2) *ciertos* meses, en ciertas (3) *semanas*, que (4) *hay*, que (5) *funcionan* los días (6) *azules*. Es una (7) *reducción* del (8) *precio*, o sea es como (9) *facilitar* a la gente que (10) *viaje* por España.

Unidad 2

Práctica 1

C   1   (b)   2   (b)   3   (b)   4   (a)

Práctica 2

A a   10   e   1   i   5

b   2   f   9   j   8

c   3   g   4

d   6   h   7

B 1   cuenta en pesetas convertibles   6   la tarjeta de residencia

2   la mayoría de edad   7   cuenta en pesetas ordinarias

3   tutores legales   8   un requisito

4   un impreso   9   el carnet de identidad

5   la cartulina de firmas   10   las divisas

Práctica 3

1   F   3   V   5   V

2   V   4   F   6   F

Práctica 4

¿Para qué sirve la cartulina de firmas?
Pues para <u>comprobar</u>, que el banco pueda <u>comprobar</u> siempre, si la firma es de el que va a utilizar la cuenta.

Práctica 5

Para abrir una cuenta en un banco español, el estudiante extranjero no residente en el país tiene que presentar su *pasaporte*. Los no residentes pueden abrir cuentas en pesetas *convertibles*, en *divisas* o en pesetas *ordinarias*. Para abrir cuentas se exige normalmente la mayoría de edad. La persona que desea abrir una cuenta tiene que rellenar un *impreso* en el que se piden datos como, por ejemplo, su nombre, su *dirección*, su edad y su nacionalidad. Tiene también que dejar una muestra de su firma en la *cartulina*, que sirve para comprobar la autenticidad de la misma.

Práctica 6

Nombre y apellidos o Razón Social	JOHN SMITH
Doc. Identificación	L823946 A
Fecha de nacimiento	29.08.70
Profesión	ESTUDIANTE
Número de teléfono	437 9856
Domicilio	c/ VELAZQUEZ 126, 2ºA
Población	MALAGA
Cód. Postal	29017
País	ESPAÑA

Práctica 8

A

1 Revisa y comprueba...

2 El banco le había...

3 Notificó el hecho a los comercios y al banco

4 El banco le devolvió lo que había cobrado

5 No está satisfecho porque...

6 El cliente no se debería fiar... sino...

Práctica 10

1 (un regalo – radio-reloj despertador)

2 seguro de accidentes gratuito

3 facilidades para obtener un anticipo de la nómina

4 tarjetas gratuitas (durante el primer año)

5 resumen de ingresos y gastos

6 interés por el dinero en la cuenta

7 cambio gratuito de la domiciliación de los recibos a la nueva cuenta

Práctica 11   2

Práctica 12

B   (a) cobrar 1   (b) recibo 3   (c) cumplimentar 3   (d) emisor(a) 2

Práctica 13

B

1 ¿En qué consiste (la domiciliación de pagos)?

2 ¿Cómo se explica la extensión tan rápida de este sistema?

3 ¿Cómo se pagaban antes?

4 ¿Había otra forma de pagar estos recibos?

5 ¿Y de dónde viene la palabra "domiciliación"?

6 ¿Y todo esto, cómo se hace?

7 ¿Y cómo se solicita?

8 ¿Es gratuito este servicio?

Práctica 14

a	3	d	1	g	4
b	4	e	4	h	7
c	2	f	6	i	5

Práctica 15

a   **2**. Estar o ponerse de acuerdo

b   **1**. Presentarse en una parte

c   **4**. Instancia o formulario

d   Repartidor del correo

e   **1**. Pedir

f   **5**. Mismo

g   … así es

h   Hacer que una cosa vaya a alguna parte

Práctica 16

The Company has just introduced a new and clearer format for bills. It will soon be possible to pay at a bank as well as the Company's own offices. Customers can also pay by direct debit, if they fill in the attached form. If customers want more information, they should contact the company.

Práctica 17

BANK INFORMATION

- Name of bank
- Branch
- Town

INFORMATION ABOUT BANK ACCOUNT

- Current or savings account number
- Name of account holder
- Address and postal code
- Date

INFORMATION ABOUT ELECTRICITY SUPPLY

- Supply reference number
- Address where supply is used
- Name of contract holder
- Address and postal code of contract holder

Unidad 3

Práctica 2

(a)	5	(b)	1	(c)	4	(d)	2
(e)	7	(f)	6	(g)	3		

Práctica 3

A

Facultades: 1 Medicina, 2 Derecho, 3 Económicas, 4 Filosofía y Letras, 5 Farmacia
Escuelas Técnicas: 1 Ingeniería, 2 (estudios técnicos)

B

(1)	se divide	(2)	son	(3)	se concentran
(4)	asisten	(5)	son	(6)	ir
(7)	incluye				

Práctica 4

A   Normalmente existen dos turnos de estudiantes...

Generalmente hay dos turnos de estudiantes...

B   shift

Práctica 5

Mañana:	desde las 8 y ½	Tarde:	desde las 5
	hasta las 2		hasta las 9

Práctica 6

empezaría   seguiría   empezaría   terminaría

Práctica 7

A

	Centro de la ciudad	Fuera del centro urbano
Antiguas universidades	X	
Nuevos campus de las antiguas universidades		X
Nuevas universidades		X

Práctica 8

(1)	mientras que	(2)	sin embargo
(3)	e incluso	(4)	ya que

Práctica 9

1	V	4	V	7	V
2	F	5	F		
3	V	6	F		

Práctica 10

A   3

C

Las bibliotecas universitarias funcionan de manera también distinta de las extranjeras.

Funcionan en un sistema que no es abierto,

es decir que los estudiantes tienen que mirar en el catálogo,

solicitar el libro a un conserje,

y el conserje les trae el libro

pero nunca ven los libros directamente.

Práctica 11

la clase magistral   seminario   masificación

Práctica 12

B

Previo al (1) *acceso* a la Universidad, hay un (2) *curso* de (3) *introducción* a la misma, y que se llama COU (Curso de (4) *Orientación* Universitaria). Las universidades ofrecen dos tipos de (5) *carreras*: las de (6) *ciclo* corto, de tres años, y las (7) *licenciaturas* de cinco años, que se (8) *pretende* reducir a cuatro. El (9) *tercer* ciclo es el (10) *doctorado*. Aunque la Universidad (11) *estatal* no es gratuita, el alumno sólo paga un (12) *tercio* del coste real de la (13) *matrícula*. Los cursos (14) *comienzan* en octubre y (15) *terminan* en junio.

Los temas del texto que no están incluídos en la entrevista son:

* los ciclos

* la duración del curso académico

* la cantidad que se paga por la matrícula.

Práctica 14

A

	Puntos clave	Detalles específicos del sistema de esta biblioteca
1	distinguir libros de consulta y préstamo	consulta: tejuelo rojo préstamo: amarillo
2	uso de libros de consulta	(obtener y) devolver a la ventanilla de préstamo
3	plazo de préstamo	máximo de cuatro días hábiles (prorrogable)
4	número de libros de préstamo	máximo de tres
5	acceso al servicio de préstamo	obtener carnet de biblioteca en la Sala de Catalogación (presentar DNI, resguardo de matrícula, foto, tarjeta)
6	renovación del carnet	cada curso académico
7	libros de préstamo no disponibles	solicitarlos en la Sala de Catalogación

Unidad 4

Práctica 1

B

la enseñanza secundaria en España

clases nocturnas para adultos

la orientación profesional

la elección del curso más adecuado

Práctica 2

1c   cursos de nocturno

2i   bachillerato obligatorio

3k   enseñanza post-obligatoria

4f   salidas profesionales

5b   bachillerato y COU o formación profesional

6j   papel del orientador

7d   cómo ayuda el orientador a sus alumnos

8g   cambios en la formación profesional

Práctica 3

i)   la Ley de Organización General del Sistema Educativo

ii)   Curso de Orientación Universitaria

Práctica 4

A

a   trabajan de día

b   no acabaron los estudios

c   son mayores que los demás

e   estudian por la noche

B

a   la enseñanza nocturna cubre las necesidades que tienen...

b   durante el día realizan o están ocupados con sus tareas laborales

c   recuperar estudios quizás abandonados anteriormente

d   de seis de la tarde a diez de la noche

Práctica 5

A

los alumnos podían abandonar sus estudios a los 14 años

los alumnos podían abandonar sus estudios después de terminar la EGB

había un curso adicional para los que querían ir a la universidad

B

a	**Edad**	todos deberán estar escolarizados hasta los 16 años
b	**Obligatoriedad**	se incluye una educación primaria y secundaria obligatoria
c	**Post-obligatoriedad**	hay dos años de enseñanza secundaria post-obligatoria
d	**Acceso a la universidad**	desaparecerá el COU

Práctica 6

A

EDAD	pre-LOGSE	post-LOGSE
hasta los 14 años	enseñanza primaria o enseñanza general básica	enseñanza primaria
desde los 14 hasta los 16 años	Bachillerato	enseñanza secundaria obligatoria
desde los 16 hasta los 18 años	Bachillerato y COU	enseñanza secundaria post-obligatoria
Fin de la escolarización obligatoria: (edad)	14 años	16 años

B

1   *podían* abandonar los centros de educación pública a los 14 años

2   *se había* cubierto el período de enseñanza general básica, o enseñanza primaria

3   *deberán* estar escolarizados hasta los 16 años

4   *no se llamará* COU y en su lugar *habrá* dos cursos de enseñanza post-obligatoria

5   el COU como tal *desaparecerá*.

Práctica 7

SALIDAS	TITULOS
1 carreras técnicas	calificación alta (COU con...)
2 carreras humanísticas / lingüísticas	COU con aprobado
3 estudios de secretariado	bachillerato
4 estudios administrativos	bachillerato

Práctica 8

A

1   El año pasado abandoné mis estudios y encontré un empleo en una oficina. Sin embargo, quiero seguir estudiando, así que desde las seis de la tarde hasta las diez de la noche asisto a los *cursos de nocturno* en un instituto de aquí.

2   En España muchos alumnos que con 17 años han repetido *cursos de bachillerato* en el instituto ven que su futuro está en el mercado de trabajo o en la formación profesional.

3   Los estudios que realizan normalmente los alumnos antes de acceder a la universidad se llaman *curso de orientación universitaria*.

4   En España los *cursos de formación profesional* se ofrecen tanto en los centros estatales de enseñanza media como en los privados.

B   6

Práctica 9

A

A   Y, si dejasen de estudiar en el tercer año de *bachillerato* anterior al COU, ¿qué posibilidades tienen en *el mercado de trabajo*?

JLH   La verdad es que son muy *escasas*. Parece que solamente estudios de secretariado o de... estudios administrativos para cumplir *funciones* dentro de la administración pública, en oficinas, parece que son las únicas salidas que hay. Pero nuestros alumnos, incluso para esas salidas, no están *capacitados* puesto que en nuestros centros no *disponemos* de enseñanza de *mecanografía*, ni mucho menos de *taquigrafía*, con lo cual al salir nuestros alumnos después del bachillerato tienen que seguir estudiando para poder encontrar alguna posibilidad de *colocación*.

B

(a)   no están preparados

(c)   empleo

(b)   (no) tenemos

(d)   estudios para puestos en la administración pública

Práctica 11

A

(i)   jardinería   restauración (arqueológica)

(ii)   se requiere sobre todo una habilidad manual o física

B

cocinero

especialista en frío industrial

mecánico de automóviles

encuadernador

Práctica 13

1	V	3	F	5	V
2	V	4	F		

Unidad 5

Práctica 3

1	Galicia	9	Comunidad Valenciana
2	Asturias	10	Islas Baleares
3	Cantabria	11	Castilla-La Mancha
4	Pais Vasco / Euskadi	12	Madrid
5	La Rioja	13	Castilla-León
6	Navarra	14	Extremadura
7	Aragón	15	Andalucía
8	Cataluña	16	Murcia

Práctica 4

(a)   Las condiciones naturales no favorecen la agricultura en España.

(e)   La España húmeda corresponde a las Comunidades Autónomas de Galicia, Asturias, Cantabria y el País Vasco.

(f)   En la España húmeda se producen maíz, patatas y judías.

(g)   Los cereales (trigo, cebada y centeno) son productos típicos de Castilla-León y Castilla-La Mancha.

(j)   En algunas zonas de la Península los riegos de tipo artificial son necesarios.

Práctica 5

1   circunstancias desfavorables naturales

2   escasa calidad de muchos suelos

3   escasa mecanización del campo

4   otra característica es la considerable diversidad de cultivos

5   cultivos destinados a la alimentación de los cerdos y vacas

6   con menos variaciones de temperaturas y una escasa pluviosidad en verano

7   en las otras dos los riegos de tipo artificial son necesarios

Práctica 9

Eso es un tópico, una imagen. Cada país tiene una imagen así, pero en realidad hay muchísimos cultivos.

Práctica 10

(sustantivo masculino) expresión vulgar o trivial

Práctica 11

España	Alemania	Suiza
sol	salchichas	chocolate
naranjas		reloj de cuco

Práctica 12

A

(3) cereales (4) frutales (1) aceite

(5) hortalizas (2) vino

B

aceite	(*no information*)
vino	Rioja, Jerez, Ribera del Duero, Cataluña
cereales	La Mancha
fruta	el Levante, Aragón
hortalizas	el Levante, Aragón, Almería, Málaga

Práctica 13

	ZONA			
Productos	1ª	2ª	3ª	4ª
maíz	☒	❑	❑	❑
patatas	☒	❑	❑	❑
judías	☒	❑	☒	❑
trigo	❑	☒	❑	❑
cebada	❑	☒	❑	❑
centeno	❑	☒	❑	❑
cereales	❑	❑	☒	❑
vino	❑	❑	☒	❑
garbanzos	❑	❑	☒	❑
lentejas	❑	❑	☒	❑
aceitunas	❑	❑	☒	❑
carne (de vaca)	❑	❑	❑	☒

Práctica 14

Eso es un tópico, una imagen – que puede ser eso, lo mismo que si dijéramos que Alemania es el país de las salchichas, o Suiza el del chocolate o el reloj de cuco. Cada país tiene una imagen así, pero en realidad hay (1) *muchísimos* cultivos. Podríamos hablar de la España del olivar, (2) *tradicional*, (3) *enorme* con una (4) *gran* producción de aceite, de las primeras del mundo, la España del vino, con productos tan (5) *famosos* como el Rioja, como el Jerez u (6) *otras* (7) *muchas* regiones, la Ribera del Duero, Cataluña; o una España de los cereales que... sería sobre todo (8) *toda* la Meseta, (9) *todo* el centro. Y luego hay (10) *grandes* zonas (11) *interesantes* de regadío con frutales, y con hortalizas, sobre todo pues (12) *todo* el Levante, Aragón y las hortalizas (13) *tempranas* en el caso de Almería, Málaga. O sea que es un país agrícolamente muy (14) *variado*, porque la geografía (15) *española* y su clima son muy (16) *variados*.

Práctica 15

A

1	finca	4	latifundio
2	parcela	5	minifundio
–	granja	3	cooperativa
6	explotación de tamaño medio		

B

- cooperativa
- latifundio
- explotación de tamaño medio
- minifundio
- parcela
- finca
- granja

C

cooperativa	G	minifundio	P
latifundio	G	parcela	P
explotación de tamaño medio	M	finca	G, M o P
		granja	M o P *(no se menciona en la entrevista)*

Práctica 17

EXPERIENCIA	TAREAS	RECURSOS UTILIZADOS
1. Tareas domésticas	Preparación y elaboración de alimentos.	Organización y planificación del tiempo.
	Limpieza, cuidado y conservación de la casa.	Sentido del orden. Control de la economía doméstica.
2. Recogida de aceituna y vendimia	Labores de recogida de cosecha. Selección de productos.	Mantenimiento de un ritmo de trabajo. Resistencia a la fatiga.
3. Limpiadora	Utilización del utillaje y productos de limpieza propios de la profesión.	Disciplina en el trabajo. Hábitos de higiene, orden.
4. Camarera	Disposición de cubiertos y vajillas en las mesas. Servicio de los diferentes platos de un menú. Servicio de bebidas.	Sentido del orden y de la estética en la disposición de las mesas. Observación de las costumbres y gustos de los clientes. Rapidez y eficacia en el servicio. Discreción en el trato con clientes.

Práctica 18

A

Papeles dentro de la compañía	4
Cómo empezó la idea	5
Evolución hasta la fecha	7
El personal y sus estudios	2
Tema del artículo	1
Ambiciones a largo plazo	9
Preparativos y primeros pasos	6
Lo que ofrece la compañía	3
Conclusión	10
Perspectivas de futuro a corto plazo	8

B

	FORMACIÓN	PAPEL	TAREAS ESPECÍFICAS
Isabel	técnico de empresas y actividades turísticas	gestión turística	obtener nuevos clientes (por visita y por teléfono)
Monsalud	Derecho, y dirección de empresas	gestión comercial	negociar con clientes y con los propietarios
Nuria	Ciencias empresariales	control financiero	(mantener la contabilidad) (buscar fondos)
(Todas)			identificar pueblos con potencial turístico establecer rutas turísticas, concertar con restaurantes y otros servicios para la clientela, identificar actividades, por ejemplo montar a caballo, etc.

C

1	A	3	C	5	B
2	B	4	A	6	A

Unidad 6

Práctica 2

B

(i)   ¿Nos hablamos de *tú* o de *usted*?

(ii)   P   ¿Nos tratamos de *tú* o de *usted*?
        P   ¿Le trato de *tú* o de *usted*?

Práctica 4

Normalmente (1) lo que hago es *en cuanto* (2) llego a la planta dar una vuelta. *Primero* (3) me acerco a la sala de control y veo qué es lo que ha ocurrido y si ha habido alguna novedad durante la noche; *luego* (4) a las nueve y media nos reunimos el jefe de planta y los otros dos ingenieros. *Después* (de esa primera reunión) (5) pues, bueno, lo que concretamente suelo hacer es planificarme el día.

Práctica 5

B

(i)   lo que se fabrica   1

        descripción del producto   3

        proceso de fabricación

        tecnologías utilizadas en la fabricación

        usos del producto   2

producción anual

(ii)   ¿Qué es lo que se fabrica en esta planta?

¿Por qué se utiliza en la fabricación de las pinturas?

¿Cómo se hace el látex?

(Bien, explícame lo que es el látex.)

Práctica 6

A

	A	B
	SUSTANTIVOS	**ADJETIVOS**
1	dureza	duro
2	flexibilidad	flexible
3	resistencia	resistente
4	adhesión	adhesivo

B

1	El hormigón	es un material	pesado, fuerte, rígido y económico.
2	El vidrio	es un material	duro, impermeable, transparente y barato.
3	El plástico	es un material	blando, económico, aislante y versátil.

Práctica 7

Emulsión	un líquido	que lleva suspendidas	partículas (sustancia insoluble)
Mayonesa	un aceite	que lleva suspendidas	gotas (huevo batido)
Látex	agua	que lleva suspendidos	polímeros (sustancia insoluble)

Práctica 8

A

Un polímero	se parece a	una cadena.
Los monómeros	son como	los eslabones de una cadena.

B

1	polímero	1	cadena
2	monómeros	2	eslabones (de una cadena)

Práctica 9

A

1	F	3	F	5	V	7	V
2	V	4	V	6	F	8	V

B

Se puede decir que una emulsión consiste en un (1) *líquido que lleva suspendido en él partículas de otra sustancia insoluble*: un ejemplo que conocemos todos es la (2) *mayonesa*. El látex es un ejemplo de una emulsión que se utiliza mucho en la industria. Hasta los años 40 se utilizaba sobre todo el látex natural como materia prima; a partir de entonces se utiliza cada vez más el látex sintético, sobre todo en la fabricación de pinturas y revestimientos. Este látex sintético es una (3) *emulsión* de agua y (4) *un polímero*. Los (5) *polímeros* son compuestos formados de componentes idénticos que se repiten para formar (6) *una cadena*. Los componentes individuales de los (7) *polímeros* se llaman (8) *monómeros*, y son como los (9) *eslabones* de la cadena.

Práctica 10

1   polimerización

2   destilación y extracción de los monómeros no polimerizados

3   condensación y separación de los monómeros por peso

4   enfriamiento del látex

5   añadir elementos

6   filtración del látex

7   almacenamiento del látex

Práctica 11

A

Primero (1) *se bate* un poco la yema; una vez batida, (2) *se agrega* poco a poco el aceite. A la vez que (3) *se va echando* el aceite, (4) *se mueve* rápidamente sin parar de modo que (5) *se ligue* bien el aceite que (6) *se eche*. Al final (7) *se añaden* también con mucho cuidado y despacito el chorro de limón y la sal.

Práctica 13

(a)	V	(c)	V	(e)	V
(b)	F	(d)	F		

Práctica 14

A

control de la calidad

planificar la producción

controlar la producción

asegurar la seguridad en todos los aspectos de la producción

B

PLANIFICACIÓN		
SECCIÓN DE COMPRAS	**SECCIÓN DE PRODUCCIÓN**	**SECCIÓN DE VENTAS**
contactos con los suministradores, obtención de materias primas	proceso de producción, productividad, control de calidad, seguridad del proceso de producción	contactos con los clientes, distribución del producto

Práctica 15

A   3V   6F   8F   2V   4F   1F   7F   5F

B (i)   insectos que roen la madera

   (ii)   la polilla

C

MUEBLES y PIEZAS DELICADAS	MADERA DE CARPINTERÍA
arcones	vigas
sillas	tarimas
aparadores	rastreles
instrumentos de música	
pianos	
retablos	

D

1   La polilla se elimina totalmente.   La polilla no vuelve a salir.

2   Este tratamiento se utiliza cada vez más para proteger las maderas utilizadas en las nuevas construcciones.   Cada vez es más frecuente que antes de colocar madera en las nuevas construcciones se aplique este tratamiento.

3   Cuando se introducen en el vagón de tratamiento los muebles no sufren daños.   Los muebles que se introducen en el vagón no sufren ningún desperfecto.

4   Se cobra entre 200 y 250 ptas. por metro cuadrado por tratar maderas para nuevas construcciones.   El coste económico oscila entre las 200 y 250 ptas. por metro cuadrado si la madera que se va a tratar es para trabajos de carpintería.

Unidad 7

Práctica 1

B

1   las prácticas empresariales en España

2   relación entre las prácticas y las carreras universitarias en España

3   ver la relación entre la teoría y la práctica

4   enfrentarse con la realidad

5   posibilidad de cometer errores

6   cambios en la perspectiva del estudiante que realiza las prácticas empresariales

7   consideraciones que hay que tener en cuenta a la hora de buscar unas prácticas empresariales

Práctica 2

(2)   En España las prácticas empresariales son un fenómeno reciente.

(3)   En España las prácticas empresariales se harán más en el futuro que ahora.

(6)   En España se ha reducido la duración de los estudios universitarios para que los alumnos puedan realizar unas prácticas.

(8)   Si estudias farmacia, pasas cuatro años estudiando teoría, y un año realizando prácticas.

Práctica 3

A

O   1   encontramos que (d) es muy importante

O   2   yo considero que (b) va a ser algo fundamental

H   3   de hecho (a) las universidades españolas solían tener cinco años de carrera

H   4   parece que (c) la han reducido a cuatro

B   4   **C**   (a)

Práctica 4

6   conjunto de estudios, repartidos en cursos, que capacitan para ejecer una profesión

Práctica 5

09.00	empezar el trabajo
10.30	tomar un café
13.00 a 14.00 o 14.00 a 16.00	comer
18.00/18.30 hasta las 19.00	terminar el trabajo

Práctica 6

(a)   1   necesitan

(b)   3   te han enseñado

(c)   3   comprender

(d)   1   materias

(e)   3   empiezas a trabajar en

(f)   3   adecuada

(g)   3   entras en otro ambiente

Práctica 7

(a)   V   (c)   V   (e)   V

(b)   F   (d)   F

Práctica 8

A

3   te das cuenta de que todo lo que has estudiado

8   es el momento adecuado para cometer los errores, ¿no?

4   no lo estás aplicando

2   sales de la carrera con

5   estamos en dos empresas diferentes en dos países diferentes

1   poner en práctica toda la teoría

7   coges otra empresa, otro mundillo

6   tenemos la oportunidad de cometer el error

B

(a)   En las prácticas empresariales pones en práctica toda la teoría que te han dado durante los últimos años.

(b)   Si no realizas prácticas empresariales, terminarás la carrera con muchos conocimientos teóricos que, unos se te han olvidado, y otros no quieres recordar.

(c)   te das cuenta de lo que realmente es importante y de todo lo que no lo es.

Práctica 9

A   Yo lo llamo como "darnos la bofetada con una empresa con diecinueve años".

= *topar con, chocar*

Práctica 11

1	V	5	V	8	F
2	F	6	F	9	V
3	V	7	V	10	F
4	V				

Unidad 8

Práctica 2

A

1   una gestoría es una oficina abierta al público para asesorar (...) al ciudadano (...y...) ayudarle en todas las gestiones con la administración.

2   es un profesional técnico el gestor, que actúa, pues digamos, de intermediario entre el ciudadano y la administración.

3   licenciado en derecho, que es el abogado, licenciado en ciencias económicas, conocido como economista, o licenciado en ciencias empresariales

4   luego tiene que pasar un examen de aptitud (...) lo convoca el consejo general de gestores

5   confecciona, o sea rellena los impresos

aporta a Tráfico todos los documentos necesarios

se encarga de sacar el número de matrícula

se encarga de encargar las placas

facilita al cliente toda la documentación para que pueda circular legalmente

Práctica 3

G   Good morning. How can I help you?

B   Acabo de comprar un coche aquí en España, así que tengo que matricularlo./

Creo que Vd. puede ayudarme.

G   Yes, you're right. That's why we're here.

B   Pues, ¿cuál es el primer paso?

G   First of all we have to register it with the Jefatura Provincial de Tráfico here in Málaga./

Where did you buy your car?

B   Lo compré en Automóviles Sánchez.

G   Well, normally the car distributor doesn't deal with registration./

We do that./

B   Me imagino que voy a tener que rellenar algunos impresos.

G   Yes, but we'll help you./

Once the forms are completed, we'll take them to Tráfico./

B   ¿Cuánto tiempo se tardará en hacer todo esto?

G   Usually two or three days at the most./

In the meantime, we'll apply for a registration number for you,/

we'll order the number plates/

and then, when we receive the documents from Tráfico/

we'll pass them on to you so that you'll be able to drive legally./

B   Muy bien. Pues, vamos a empezar a rellenar los impresos.

Práctica 5

1   permiso de circulación: original y fotocopia (en él se reconoce la firma del vendedor).

tarjeta de inspección de vehículos (ITV) en vigo · (= ficha técnica)

fotocopia del documento nacional de identidad (DNI) del vendedor y del comprador

2   pagar las tasas de transferencia

3   impreso para el pago de las tasas de transferencia

4   la transferencia del vehículo

la transferencia del impuesto de circulación

5   impreso para la transferencia del vehículo

impreso para solicitar la transferencia del impuesto de circulación (o IVTM)

Práctica 6

(ii)   1   el comprador

2   la fecha de la compra-venta del vehículo

3   el vendedor

4   el comprador (tú)

5   el permiso de circulación y/o la ficha técnica (ITV)

6   No

7   a)   el precio que has pagado por el coche

b)   el 4%

c)   100.000 ptas [x] 4% = 4.000 ptas

8   pagar la tasa (ingresar el dinero)

9   de 30 días hábiles (= laborables)

10   en la Caja de la Delegación de Economía y Hacienda

11   permiso de circulación y ficha técnica

Práctica 7

aperturas de negocios

Práctica 8

APERTURA DE UN NEGOCIO

¿Quién?

| 1 | información sobre la tramitación necesaria |

gestor

| 2 | ubicación del negocio |

cliente

| 3 | confección del proyecto técnico |

ingeniero técnico   **¿Dónde?**

| 4 | presentación del proyecto en distintos organismos |

gestor   (organismos distintos)

| 5 | obtener la licencia municipal de apertura |

gestor   Ayuntamiento

| 6 | obtener la licencia fiscal, dar el negocio de alta en el IVA y demás impuestos fiscales |

gestor   Hacienda

| 7 | dar el negocio de alta en los impuestos municipales |

gestor   Ayuntamiento

| 8 | dar el negocio de alta en el régimen especial de los trabajadores autónomos |

gestor   Seguridad Social